Dieter Mindt
& Norbert Schlüter

Englisch in den Klassen 3 und 4

Grundlagen für einen ergebnisorientierten Unterricht

Cornelsen

Dieter Mindt
Norbert Schlüter

Englisch in den Klassen 3 und 4

Grundlagen für einen ergebnisorientierten Unterricht

Erarbeitet am Institut für Englische Philologie
der Freien Universität Berlin unter Mitarbeit
von
Karin Braun, Karin Kania, Beate Rother, Gudrun Wagner
und
Kerstin Bonne, Kristine Kerbs, Antonia Koss, Tanja Kude,
Tobias Neumann, Silke Ostheeren, Kristine Reimer, Anja Vogel

Cornelsen online http://www.cornelsen.de

1. Auflage   Druck 5 4 3 2   Jahr 07 06 05 04

Alle Drucke dieser Auflage sind inhaltlich unverändert
und können im Unterricht nebeneinander verwendet werden.

© 2003 Cornelsen Verlag, Berlin

Das Werk und seine Teile sind urheberrechtlich geschützt.
Jede Nutzung in anderen als den gesetzlich zugelassenen Fällen
bedarf der vorherigen schriftlichen Einwilligung des Verlages.
Hinweis zu § 52a UrhG: Weder das Werk noch seine Teile dürfen
ohne eine solche Einwilligung eingescannt und in ein Netzwerk
eingestellt werden. Dies gilt auch für Intranets von Schulen und
sonstigen Bildungseinrichtungen.

Druck: Saladruck, Berlin

ISBN 3-464-34483-5

Bestellnummer 344835

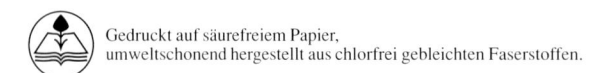

Gedruckt auf säurefreiem Papier,
umweltschonend hergestellt aus chlorfrei gebleichten Faserstoffen.

Inhaltsverzeichnis

0	Vorwort	5
1	Begründungen für den Englischunterricht in den Klassenstufen 3 und 4	9
2	Die Notwendigkeit eines neuen Entwurfs	11
3	Organisation	15
4	Ziele	17
5	Grundlagen und Prinzipien	22
6	Methoden	27
7	Differenzierung	32
8	Inhalte und Themen	37
9	Vom Hören zum Sprechen, vom Lesen zum Schreiben	42
10	Sprachbestände	48
11	Aussprache und Intonation	55
12	Wortschatz	63
13	Grammatik	75
14	Sprachfunktionen	97
15	Ermittlung und Bewertung des Lernstandes	111
16	Der Übergang zur Klassenstufe 5	117
17	Literaturverzeichnis	123

0   Vorwort

Der Englischunterricht befindet sich an einem historischen Wendepunkt. Traditionell setzte er an den allgemeinbildenden Schulen in der 5. Klasse ein. In vielen Bundesländern beginnt der Englischunterricht nun bereits in der 3. Klasse und soll zu klar definierten Ergebnissen am Ende von Klasse 4 führen.

Dieser frühe ergebnisorientierte Beginn stellt einen der größten Einschnitte für den Fremdsprachenunterricht im deutschen Schulsystem seit über 150 Jahren dar. Es hat bereits Vorstufen für einen frühen Beginn des Fremdsprachenunterrichts gegeben. Ein Schwerpunkt lag in den 70er Jahren des vergangenen Jahrhunderts. Keine dieser Vorstufen kam jedoch über die Versuchsform hinaus.

Ergebnisorientierter Neubeginn

Nachdem man in den 90er Jahren in verschiedenen Bundesländern mit dem Begegnungssprachenkonzept in den Klassen 3 und 4 experimentierte, hat sich die Überzeugung durchgesetzt, dass der Unterricht nicht ohne Ergebnisse bleiben darf. Dem großen Aufwand an Engagement und Zeit soll ein entsprechender Ertrag an sprachlichem Können am Ende der Klasse 4 gegenüberstehen. Der Unterricht soll zu einem erkennbaren Lerngewinn für die Kinder führen und ein tragfähiges Fundament für die Fortsetzung in der Klasse 5 erstellen. Dafür sind kindgemäße Methoden erforderlich, aber auch eine Bestimmung der sprachlichen Ziele, die in diesem Zeitraum realistisch erreichbar sind.

Bedingungen und Anforderungen

Der flächendeckende Unterricht für alle steht unter anderen Bedingungen als einzelne Schulversuche von begrenzter Dauer, die überwiegend von Idealisten getragen wurden. Aus diesem Grunde bietet keine der bisherigen Vorstufen die hinreichenden Grundlagen für diese neue Herausforderung.

Der Unterricht in den Klassen 3 und 4 muss nicht selten von Lehrkräften erteilt werden, die nie zuvor Englischunterricht in diesen Klassenstufen gegeben haben, häufig auch das Fach Englisch nicht studiert haben. Zwar steht eine größere Zahl von Lehrwerken für die Klassen 3 und 4 zur Verfügung, viele von ihnen sind jedoch nur teilweise auf die neuen Anforderungen zugeschnitten.

Notwendig ist die Erarbeitung klarer Aussagen für die sprachliche Seite. Das Gleiche gilt für die Erstellung neuer fachdidaktischer Grundlagen. Wichtige Punkte sind beispielsweise die Frage der Berücksichtigung des Schriftbildes, das Verhältnis von Grammatik und Sprachfunktionen, die Entwicklung der Fertigkeiten, das Problem der Differenzierung sowie die Ermittlung und Bewertung des Lernstandes.

Der frühbeginnende Englischunterricht verfügt aus den früheren Versuchen bereits über eine vielfältige Methodik, die durch kreative Phantasie und großen Einfallsreichtum gekennzeichnet ist. Dazu gehören ein umfangreiches Angebot an Medien und eine Fülle von unterschiedlichen Arbeits- und Sozialformen. Es fehlt jedoch bisher eine zusammenfassende Darstellung der grundlegenden Verfahren.

Viele bisherige Vorschläge gehen davon aus, dass der Fremdsprachenunterricht in den Klassen 3 und 4 dem Spracherwerbsprozess des Kleinkindes nachgebildet sein müsse. Dabei wird verkannt, dass die Lernenden sich in einem ganz anderen Reife- und Entwicklungsstadium als Zwei- oder Dreijährige befinden und dass die Acht- und Neunjährigen über Wissensbestände und Fähigkeiten verfügen, die andere Lernprozesse und Verfahren als die des Kleinkindes erfordern und möglich machen.

Schlussfolgerungen

Vor diesem Hintergrund ergab sich die Notwendigkeit, ein Handbuch zu erstellen, das die sprachlichen, inhaltlichen und methodischen Grundlagen in knapper und präziser Form zur Verfügung stellt und systematisch miteinander verknüpft. Dies war umso notwendiger, da viele Lehrpläne wichtige Gesichtspunkte völlig unberücksichtigt lassen (z.B. Aussprache und Intonation) oder in ihren Aussagen widersprüchlich und uneinheitlich sind (z.B. über Redemittel für Sprachfunktionen).

Unter Federführung der beiden Autoren bildete sich im Dezember 2001 an der Freien Universität Berlin eine Arbeitsgruppe. Sie bestand neben den Autoren aus erfahrenen Lehrkräften der Berliner Schule: Karin Braun, Karin Kania, Beate Rother und Gudrun Wagner. Daneben waren Studierende beteiligt, die sich im Ersten Staatsexamen oder in der Examensvorbereitung befanden und einen besonderen Schwerpunkt auf den Englischunterricht der Klassen 3 und 4 gelegt hatten: Kerstin Bonne, Kristine Kerbs, Antonia Koss, Tanja Kude, Tobias Neumann, Silke Ostheeren, Kristine Reimer und Anja Vogel. Die Endfassung des Textes wurde im Februar 2003 fertiggestellt.

Ziele

Das vorliegende Werk berücksichtigt den Entwicklungs- und Wissensstand der Lernenden und stellt die wesentlichen Grundlagen des Neubeginns zur Verfügung. Sorgfältig gegliedert und in übersichtlicher Form bietet es eine Konzentration auf die Kernpunkte des Frühbeginns. Die Darstellung erfolgt in verständlicher Sprache und ohne Verwendung spezialisierter Fachbegriffe.

Das Buch strebt einen schnellen Einstieg in die zentralen methodischen und sprachlichen Grundlagen des Englischunterrichts in den Klassen 3 und 4 an. Die methodischen Grundlagen beruhen auf neuen fachdidaktischen Untersuchungen zum frühbeginnenden Englischunterricht sowie auf aktuellen Ergebnissen der Entwicklungspsychologie und der Spracherwerbsforschung. Die sprachlichen Grundlagen sind abgeleitet aus computergestützten Analysen der englischen Kinder- und Erwachsenensprache.

Die Ausarbeitung weist den Weg zu grundlegenden Unterrichtsmethoden im Englischunterricht der Klassen 3 und 4 und führt zu einem präzisen sprachlichen und inhaltlichen Abschlussprofil am Ende von Klasse 4. Es kann als zuverlässige Ergänzung zu den Lehrplänen einzelner Bundesländer herangezogen werden.

Das Werk bietet allen Lehrkräften einen klar strukturierten Überblick über alle wichtigen Bereiche des Englischunterrichts in den Klassen 3 und 4. Im Hochschulbereich eignet es sich als einführender Baustein in das fachdidaktische Studium des Englischen an Grundschulen. Daneben kann es in der Fort- und Weiterbildung als grundlegendes Ausgangsmaterial verwendet werden.

1 Begründungen für den Englischunterricht in den Klassenstufen 3 und 4

Englisch ist heute ein wichtiger Bestandteil der Grundschulbildung bereits in den Klassenstufen 3 und 4. Die Gründe liegen in
- der Bedeutung des Englischen in der Welt von heute
- den besonderen Voraussetzungen der Kinder dieses Alters für das Fremdsprachenlernen.

Das Englische als Weltsprache

Englisch ist die internationale Sprache der Wirtschaft, der Wissenschaft und Technik, der Politik und der Kultur. Sie ist von grundlegender Bedeutung für den Austausch von weltweit verfügbaren Informationen (in den Medien, der Werbung, im Internet). Ungefähr ein Drittel der Weltbevölkerung lebt in Staaten, in denen das Englische Landessprache ist oder einen anderen offiziellen Status hat.[1] Die Beherrschung der englischen Sprache ist unverzichtbar für die internationale Kommunikation und die Teilhabe am weltweit verfügbaren Wissen.

Je früher Menschen befähigt werden, sich des Englischen erfolgreich zu bedienen, desto größer sind ihre Chancen und Entfaltungsmöglichkeiten im persönlichen, beruflichen und gesellschaftlichen Leben.

Englisch ist eine Schlüsselqualifikation für die europäische Mehrsprachigkeit und bildet ein tragfähiges Fundament für das lebenslange Erfordernis, vorhandene Sprachfähigkeiten auszubauen und neue Sprachen zu lernen. Darüber hinaus ist Englisch die Basis für bilingualen Unterricht (z.B. Erdkunde in englischer Sprache) in der späteren Schullaufbahn der Kinder.

Die englische Sprache eröffnet einen neuen Zugang zum Andersartigen und Fremden, verdeutlicht die Besonderheiten der eigenen Sprache und Kultur und führt zu Verständnis und Toleranz des Anderen und Fremden. Die Fremdsprache in der Schule schafft gleichzeitig die Grundlage für eine positive Einstellung zur Vielfalt der Kulturen innerhalb und außerhalb des eigenen Landes.

---

1 Quirk/Greenbaum/Leech/Svartvik (1985:3).

Die Voraussetzungen der Kinder

Kinder lernen eine Fremdsprache umso leichter und ungezwungener, je früher sie damit beginnen können. Der ergebnisorientierte Unterricht ab Klassenstufe 3 geht von der Annahme aus, dass Kinder im Alter von 8 bis 10 Jahren über eine besondere Aufnahmebereitschaft für das Lernen einer neuen Sprache verfügen.[2]

Der Unterricht kann sich auf Voraussetzungen stützen, die später nicht mehr im gleichen Umfang vorhanden sind oder allmählich zurückgehen, wie: die Fähigkeit und Bereitschaft zum Imitieren, eine ausgeprägte Sprechfreudigkeit, ein hohes Maß an Spontaneität, das Fehlen von Hemmungen, eine große Unbefangenheit gepaart mit der Neugier auf Fremdes.[3]

Der Englischunterricht in den Klassenstufen 3 und 4 bietet eine besondere Chance für Kinder nicht-deutscher Herkunftssprachen. Im Englischunterricht beginnen alle auf demselben Niveau und haben die gleichen Möglichkeiten, in der fremden Sprache heimisch zu werden.

---

2 Felix (1982:282 ff.) betont, dass die frühen spracherwerbsspezifischen Prozesse, die das mühelose und weitgehend unbewusste Lernen einer Sprache im Kindesalter ermöglichen, zunehmend an Wirkung verlieren durch „allgemein-kognitive Fähigkeiten" (S. 292), die sich mit dem Eintritt in das 2. Lebensjahrzehnt deutlich verstärken. Nach Durchsicht früherer Versuche kann Singleton (1989:137) keine eindeutige Bestätigung dafür geben, dass junge Zweitsprachenlerner älteren allgemein überlegen sind.

3 Tyson/Tyson (1997:193) heben die schöpferische Kraft dieses Lebensabschnitts (Latenzzeit) hervor.

2 Die Notwendigkeit eines neuen Entwurfs

Die Festlegung des Beginns des ergebnisorientierten Englischunterrichts auf die Klassenstufe 3 stellt den größten Einschnitt in der Geschichte des Englischunterrichts der letzten Jahrzehnte dar. Ziele, Inhalte und Methoden müssen völlig neu definiert werden.

Veränderte Ziele

Das Begegnungssprachenkonzept der 90er Jahre des letzten Jahrhunderts zielte auf Öffnung und Empfänglichkeit für Sprachen allgemein und wollte eine Sensibilisierung für andere Kulturen und Sprachen erreichen. Dies sollte unter weitgehendem Verzicht auf sprachliche Lernziele geschehen.

Das Begegnungssprachenkonzept ist inzwischen in den meisten Bundesländern durch den ergebnisorientierten Unterricht abgelöst worden.[1] Neben die nicht-sprachlichen allgemeinen Ziele des alten Konzepts tritt nunmehr ein gezieltes Sprachenlernen. Es beruht auf sorgfältig ausgewählten und abgestuften sprachlichen und inhaltlichen Lernzielen und führt zu einem klaren Abschlussprofil am Ende der Klassenstufe 4.

Anders als beim Begegnungssprachenkonzept beginnt der Englischunterricht in der Klassenstufe 5 nicht mehr neu, sondern stützt sich auf das sprachliche Fundament, das in den vorangehenden zwei Jahren erarbeitet wurde. Alle Lehrpläne und Handreichungen, die auf dem Begegnungssprachenkonzept beruhen, haben durch diese Neuorientierung ihre Gültigkeit verloren.

Neubestimmung der sprachlichen Grundlagen

Der ergebnisorientierte Unterricht zielt auf elementare Kommunikationsfähigkeit in der neuen Sprache. Dies ist nur möglich durch die Angabe der Sprachbestände, die zum Erreichen dieser Kommunikationsfähigkeit erforderlich sind.

---

1 Vgl. Pelz (1991), Doyé (1991) und die nachfolgende Diskussion beider in *Neusprachliche Mitteilungen* (1992).

Die Kinder müssen eine neue Aussprache und Intonation erlernen, sie müssen neue Wörter beherrschen, sie müssen lernen, wie diese neuen Wörter gebildet werden und sich miteinander verbinden (Grammatik), und sie müssen über Redemittel für Sprachfunktionen verfügen, mit denen man sprachliche Handlungen vollziehen kann (z.B. Begrüßung, Verabschiedung, Dank, Bitte etc.).

Alle bisher vorhandenen Lehrpläne und Handreichungen weisen ebenso wie die fachdidaktische Literatur erhebliche Lücken bei der Nennung der Sprachbestände auf, die für die elementare Kommunikationsfähigkeit unerlässlich sind. Zwar finden sich überall Aussagen zu Redemitteln für Sprachfunktionen und zu dem neu zu erlernenden Wortschatz. Diese Aussagen sind aber meist uneinheitlich und oft widersprüchlich.

Kaum jemals werden die wichtigsten Merkmale der neu zu erlernenden Aussprache und Intonation genannt, und fast überall fehlen klare Aussagen zu den grammatischen Strukturen. In keinem Fall ist erkennbar, dass die bisher vorliegenden Angaben auf wissenschaftlich fundierten Untersuchungen beruhen.

Eine neue Beschreibung der Sprachbestände

Der hier vorgelegte Entwurf betritt Neuland in allen diesen Punkten:
– Er nennt präzise die wichtigsten Erscheinungen, die die englische Aussprache und Intonation betreffen, und stellt die erforderlichen Artikulationshilfen zur Verfügung.
– Er führt den Minimalbestand der neu zu erlernenden Wörter auf und gliedert sie nach Wörtern, die aktiv gebraucht werden müssen (produktiver Wortschatz) und nach Wörtern, die erkannt und verstanden werden müssen (rezeptiver Wortschatz).
– Er gibt eine Auflistung der zu vermittelnden grammatischen Strukturen, gegliedert nach produktivem und rezeptivem Gebrauch.
– Er nennt die erforderlichen Redemittel für Sprachfunktionen und zusätzlich häufig gebrauchte Ausdrücke, die für die elementare Kommunikation unerlässlich sind.
– Die Elemente des Wortschatzes, der grammatischen Strukturen sowie der Redemittel für Sprachfunktionen werden präzise den Klassenstufen 3 bzw. 4 zugeordnet.

Computergestützte Erforschung der Kindersprache und der Erwachsenensprache

Für den Wortschatz, die Grammatik und die Redemittel für Sprachfunktionen gilt, dass sie erstmals nicht aufgrund intuitiver Mutmaßungen zusammengestellt wurden, sondern aus einer Analyse der Sprache englischer Kinder im Alter von sechs bis zwölf Jahren abgeleitet worden sind.[2]

Die englische Kindersprache wurde mit computergestützten Methoden auf die Wortschatzelemente, grammatischen Strukturen und Redemittel für Sprachfunktionen untersucht, die unabhängig vom Inhalt der Äußerungen in allen Äußerungstypen häufig auftreten.

Diese Ergebnisse wurden einer gleichen Analyse der Erwachsenensprache gegenübergestellt.[3] Sprachmittel, die in der Erwachsenensprache eine besonders wichtige Rolle spielen, wurden zusätzlich berücksichtigt, weil diese für die Kommunikation von Kindern mit Erwachsenen von grundlegender Bedeutung sind und eine erste Brücke für das nachfolgende Sprachenlernen darstellen.

Die so erstellten Listen wurden erfahrenen Grundschullehrerinnen vorgelegt. Die endgültige Entscheidung über die Aufnahme in das Lerninventar und die Aufteilung auf die Klassenstufen 3 und 4 nach den Kriterien „rezeptiv" (rez.) und „produktiv" (prod.) wurden unter Berücksichtigung der Erfahrungen aus der Schulpraxis getroffen.

Erstmals können sich die Angaben über neu zu erlernende Sprachbestände auf den tatsächlichen Sprachgebrauch muttersprachlicher Sprecher stützen. Mit dem hier vorgelegten Entwurf ist sichergestellt, dass die Kinder von Anfang an die sprachlichen Elemente lernen, die für die elementare Kommunikationsfähigkeit unabdingbar sind.

Auf der hier gegebenen Grundlage kann ein Unterricht nach neuen qualitativen Maßstäben gestaltet werden. Zusätzlich ist der neue Entwurf die notwendige Basis für die Erstellung neuer Lehrwerke für die Klassenstufen 3 und 4.

---

2 Grundlage war das *Polytechnic of Wales Corpus* (*POW*), vgl. Fawcett/Perkins (1980) und Souter (1989).

3 Die untersuchten Korpora sind das *LOB Corpus* (*Lancaster-Oslo/Bergen Corpus of British English*), vgl. Johansson/Leech/Goodluck (1978), das *BROWN Corpus* (*Brown Corpus of American English*), vgl. Francis/Kučera (1964) und das *BNC* (*British National Corpus*), vgl. Burnard (1995).

Neubestimmung der fachdidaktischen Grundlagen

Der hier präsentierte Entwurf wurde erstellt auf der Grundlage
- neuer fachdidaktischer Untersuchungen zum frühbeginnenden Englischunterricht
- einschlägiger Ergebnisse der Spracherwerbsforschung und der Sprachwissenschaft
- des heute vorliegenden Umfangs an Erfahrungen und des Kenntnisstandes über die Notwendigkeiten und Erfordernisse der Unterrichtspraxis in den Klassenstufen 3 und 4.

Die Autoren bilden dieses Spektrum von Wissen und Erfahrung ab. Die Fachdidaktik, Spracherwerbsforschung und Sprachwissenschaft werden vertreten von Angehörigen dieser Disziplinen aus der Universität, die Schulpraxis von erfahrenen Lehrkräften der Schule, die dort in Lehre, Ausbildung und Fortbildung tätig sind.

Speziell für diesen Entwurf wurden fachdidaktische Neubestimmungen zu den folgenden Bereichen durchgeführt:
- Stellenwert des Schriftbildes in den Klassenstufen 3 und 4
- Bedeutung der Grammatik für den produktiven Sprachgebrauch
- Rolle der Sprachfunktionen und ihre Abgrenzung zur Grammatik.[4]

Für alle diese Bereiche werden Ergebnisse vorgelegt, die den Unterricht auf neue inhaltliche und methodische Grundlagen stellen und eine bisher im Frühbeginn nicht bekannte sprachliche Kreativität ermöglichen.

Berücksichtigung bisheriger Handreichungen und Lehrpläne

Bei der Erstellung des neuen Entwurfs wurden alle bisher vorliegenden Lehrpläne und die vorhandenen Handreichungen sowie die einschlägige fremdsprachendidaktische Literatur für den Englischunterricht der Klassenstufen 3 und 4 berücksichtigt. Bewährte Erkenntnisse und Verfahren sollten auf keinen Fall außer Acht gelassen werden. So fügt sich im vorliegenden Entwurf Bewährtes mit Neuem zu einem Vorschlag zusammen, der für die künftige Arbeit in allen Bundesländern eine fundierte Neuorientierung bedeuten kann.

---

4 Vgl. Mindt (2002a) und Mindt (2002b).

3 Organisation

Der hier dargestellte Entwurf kann in allen Bundesländern verwendet werden, die Englischunterricht in den Klassenstufen 3 und 4 als ergebnisorientierten Unterricht anbieten.

Zeitlicher Umfang

Die sprachlichen Inhalte dieses Entwurfs sind bemessen für einen zeitlichen Umfang von mindestens zwei Wochenstunden à 45 Minuten pro Schuljahr (90 Minuten pro Schulwoche).

Es empfiehlt sich, diesen wöchentlichen Anteil von mindestens 90 Minuten auf vier Unterrichtseinheiten von je 22 bis 23 Minuten aufzuteilen. Die Erfahrungen zeigen, dass ein am Mündlichen orientierter Unterricht die Konzentrationsfähigkeit der Kinder nach mehr als ca. 22 Minuten deutlich übersteigt.

Darüber hinaus sind die Lernergebnisse bei verteiltem Lernen höher als bei gehäuftem Lernen. Eine Aufteilung auf vier Unterrichtseinheiten von je ca. 22 Minuten vermeidet Überforderungen, hält die Lernfreude und Motivation aufrecht und führt zu besseren Lernergebnissen.

Wenn längere Unterrichtseinheiten aus schulorganisatorischen Gründen unvermeidlich sind, kommt dem Wechsel der Methoden und der Abwechslung zwischen Spannung und Entspannung eine zusätzliche Bedeutung zu, um auch unter solchen Bedingungen akzeptable Lernergebnisse zu erzielen.

Ausstattung

Der Raum, in dem der Englischunterricht stattfindet, sollte möglichst die folgende Ausstattung haben:
- Wandtafel zum Schreiben und zum Anheften magnetischer Haftelemente
- OH-Projektor zur Präsentation von Folien
- Flächen zum Befestigen von Bildern, Karten, Diagrammen, Wandzeitungen etc.
- Abspielgeräte für die akustische Präsentation von Tonbandkassetten und CDs
- ein Abspielgerät für Videokassetten (eventuell DVDs)

- Computer
- Schränke und Regale für die benötigten Materialien und Medien
- ausreichenden Platz zur problemlosen Umgruppierung der Lerngruppe (z.B. für Sitzkreis oder Bewegungsspiele).

Lehrwerk

Dem Unterricht sollte ein Lehrwerk zugrunde liegen, das den hier dargestellten Inhalten und Methoden entspricht. Es sollte vielfältige Materialien und Medien zur Differenzierung und Erweiterung des Kernlehrgangs anbieten. Die Lehrkräfte sollten daneben auf Materialien zurückgreifen, die als zusätzliche Ergänzung in Frage kommen. Die Erstellung sämtlicher im Unterricht verwendeter Materialien durch die Lehrkräfte stellt eine unangemessene Überforderung[1] dar und würde auch der notwendigen Professionalisierung des Unterrichts widersprechen.

---

1 Sauer (2000:34) warnt eindringlich vor der Überforderung der Lehrenden, die längere Zeit auf sich allein gestellt ohne ein Leitmedium unterrichten müssen.

4 Ziele

Die Ziele des Englischunterrichts der Klassenstufen 3 und 4 lassen sich in drei Gruppen gliedern: affektiv-emotionale Lernziele, sprachliche Lernziele und kognitive Lernziele.

Affektiv-emotionale Lernziele
Affektiv-emotionale Lernziele betreffen die Einstellungen und Haltungen sowie die Entwicklung von Persönlichkeitsmerkmalen.

Einstellungen und Haltungen
Ein wichtiges Ziel besteht darin, Freude und Motivation für das Lernen und die Verwendung der neuen Sprache zu wecken und längerfristig aufrecht zu erhalten.

Mit der neuen Sprache erhalten die Kinder Zugang zu einer anderen, teilweise fremden Kultur. Durch den Englischunterricht soll insbesondere das Interesse und das Verständnis gegenüber der neuen Sprache und ihrer Kultur geweckt werden sowie ein Verständnis für die Lebensgewohnheiten in anderen Ländern entwickelt werden.

Die Kinder erkennen wichtige Unterschiede und Gemeinsamkeiten der Sprachen und Kulturen. Sie werden aufgeschlossen für den Umgang mit dem Fremden. Ängste vor Neuem und Vorurteile gegenüber dem Ungewohnten werden abgebaut. Der Unterricht führt zu Toleranz und Weltoffenheit und bildet die Grundlage für ein verständnisvolles Miteinander unterschiedlicher Kulturen.

Persönlichkeitsentwicklung
Das Lernen der neuen Fremdsprache weckt die Motivation für das Erlernen weiterer Sprachen und legt den Grundstein für das spätere Lernen von anderen Fremdsprachen bis in das Erwachsenenalter hinein. Es bildet ein tragfähiges Fundament für die individuelle Mehrsprachigkeit und die Fähigkeit, in einem vielsprachigen Europa und in der Welt erfolgreich zu kommunizieren und nutzbringend zu handeln.

Der Aufbau von Kenntnissen der englischen Sprache unterstützt die Entwicklung und Verfeinerung der Muttersprache und weiterer Fremdsprachen.[1] Die sichere Beherrschung der deutschen Sprache sowie zunehmende Erfolge in der Verwendung anderer Sprachen fördern das Selbstbewusstsein und die Persönlichkeitsentwicklung der Kinder. Das Lernen der neuen Sprache hat einen bedeutungsvollen Anteil an der Entwicklung der Individual- und Sozialkompetenz der Lernenden.

Sprachliche Lernziele

Die sprachlichen Lernziele lassen sich in allgemeine sprachliche Lernziele und spezielle sprachliche Lernziele gliedern.

Allgemeine sprachliche Lernziele

Der Englischunterricht in den Klassenstufen 3 und 4 zielt auf die Entwicklung einer elementaren mündlichen Kommunikationsfähigkeit. Aus diesem Grund sind vorrangig die mündlichen Fertigkeiten Hörverstehen und Sprechen zu schulen. Erst wenn das Hörverstehen und Sprechen gesichert sind, treten die Fähigkeiten hinzu, Gelesenes zu verstehen sowie Wörter und einfache Sätze zu schreiben. Die rezeptiven Fertigkeiten (Hörverstehen und Leseverstehen) gehen somit den zugehörigen produktiven Fertigkeiten (Sprechen und Schreiben) immer voraus.

Am Ende der **Klassenstufe 3** sind mit Blick auf die Fertigkeiten folgende allgemeinsprachliche Ziele zu erreichen:

Hörverstehen

Die Kinder sollen in der Lage sein, einfache Äußerungen über die in Kapitel 8 „Inhalte und Themen" genannten Bereiche hörend zu verstehen. Sie sollen darüber hinaus imstande sein, auf einfache fremdsprachliche Impulse angemessen reagieren zu können.

Sprechen

Die Kinder sollen in der Lage sein, sich sprechend in reproduktiver Form zu äußern. Dazu gehören das Mitsprechen und Nachsprechen von Wörtern und kurzen Sätzen. Anzustreben ist darüber hinaus das Reproduzieren von Sprachäußerungen unter Vorgabe von bildlichen und verbalen Impulsen.

---

1 Kettemann/Kerschbaumer (2000:79) berichten, dass durch den Fremdsprachenunterricht an der Grundschule nirgendwo Leistungseinbußen in anderen Fächern festgestellt werden konnten. Eine der dort referierten Studien stellt eine positive Wirkung auf das Ausdrucksvermögen in der Muttersprache fest. Ähnlich Singleton (1989:149-153).

Leseverstehen
Die Kinder können bekannte Wörter aufgrund des Schriftbildes erkennen und ihnen die richtige Bedeutung zuordnen. Nach entsprechender Vorbereitung sind die Kinder in der Lage, einzelne Wörter laut vorzulesen. Die Kinder können einzelne Wörter auf Wortkarten zu korrekten Sprachäußerungen zusammenfügen.

Schreiben
Die Kinder können Einzelwörter und kurze Sprachäußerungen nach schriftlicher Vorlage reproduktiv schreiben. Sie sollen darüber hinaus in der Lage sein, ihnen gut bekannte Einzelwörter auf mündliche Vorgabe hin schriftlich zu reproduzieren.

Am Ende der **Klassenstufe 4** sind mit Blick auf die Fertigkeiten folgende allgemeinsprachliche Ziele zu erreichen:

Hörverstehen
Die Kinder sollen in der Lage sein, neben Sätzen und kurzen Texten auch längere Sprachäußerungen über die in Kapitel 8 „Inhalte und Themen" genannten Bereiche hörend zu verstehen. Die Kinder verstehen neben Äußerungen der Lehrkraft auch Äußerungen, die von muttersprachlichen Sprechern auf Tonträgern dargeboten werden. Sie sollen darüber hinaus imstande sein, sicher auf fremdsprachliche Impulse der Lehrkraft und ihrer Mitschüler reagieren zu können.

Sprechen
Die Kinder sollen in der Lage sein, sich in einfacher Form produktiv mündlich zu äußern. Sie sollen über die Fähigkeit verfügen, Kontakte in englischer Sprache herzustellen, grundlegende Informationen zu geben sowie elementare Gefühle und Wünsche zum Ausdruck zu bringen.

Leseverstehen
Die Kinder können Wörter, Sätze und kurze Texte lesend verstehen. Sie sollen in der Lage sein, auf schriftliche fremdsprachliche Impulse angemessen zu reagieren. Wörter, Sätze und kleinere Texte können von den Kindern nach entsprechender Vorbereitung laut vorgelesen werden.

Schreiben
Die Kinder sollen imstande sein, Einzelwörter, Sätze und kurze Texte aufgrund von schriftlichen Vorgaben in korrekter Orthografie zu repro-

duzieren. Sie sollen darüber hinaus in der Lage sein, Einzelwörter und kurze Sprachäußerungen auf mündliche Vorgabe hin reproduzierend zu schreiben. Einfache Sprachäußerungen sollen produktiv geschrieben werden können.

Spezielle sprachliche Lernziele
Die speziellen sprachlichen Lernziele beschreiben den Umfang der Beherrschung von Sprachbeständen. Sie betreffen die Aussprache und Intonation, den Wortschatz, die Grammatik und die Redemittel für Sprachfunktionen. Auf jeder Stufe des Lernprozesses gilt, dass der Umfang der rezeptiven Beherrschung von Sprachelementen wesentlich größer ist als der Umfang des produktiven Könnens.

Auch für die speziellen sprachlichen Lernziele ist zwischen den Anforderungsniveaus der Klassenstufe 3 und der Klassenstufe 4 zu unterscheiden. Eine detaillierte Übersicht über die zu erlernenden Sprachbestände findet sich in den Kapiteln 11 bis 14 zur Aussprache und Intonation, zum Wortschatz, zur Grammatik und zu den Sprachfunktionen. Auf die Angabe von Listen von Sprachelementen kann daher an dieser Stelle verzichtet werden.

Aussprache und Intonation
Die in Kapitel 11 „Aussprache und Intonation" genannten Lauterscheinungen des Englischen, die die Verständlichkeit beeinträchtigen (vgl. Kapitel 11 „Aussprache und Intonation", S. 56-60), sollen zusammen mit den dort genannten Intonationsmustern von allen Kindern sicher beherrscht werden. Die leistungsstärkeren Kinder beherrschen zusätzlich auch die im selben Kapitel genannten lautlichen Besonderheiten, die zu einer guten Aussprache des Englischen gehören (vgl. Kapitel 11 „Aussprache und Intonation", S. 60-61).

Wortschatz
Die Aufgliederung des Wortschatzes nach Klassenstufen und innerhalb der Klassenstufen nach den Merkmalen produktiv und rezeptiv ist in Kapitel 12 „Wortschatz" in Form von Listen dargestellt. Am Ende der Klassenstufe 3 sollen die Kinder in der Lage sein, 67 Wörter produktiv und 43 Wörter rezeptiv zu verwenden. Am Ende von Klassenstufe 4 sollen die Kinder in der Lage sein, insgesamt 110 Wörter produktiv und 11 Wörter rezeptiv zu verwenden (vgl. Kapitel 12 „Wortschatz", S. 63 ff.).

Der hier aufgeführte Mindestwortschatz stellt das gemeinsame Lernprofil für alle Kinder dar. Er kann und soll nach den Bedürfnissen des Unterrichts und den Interessen der Lernenden sowohl im rezeptiven als auch im produktiven Bereich erweitert und ergänzt werden.

Grammatik
Die Aufgliederung der grammatischen Strukturen nach Klassenstufen und innerhalb der Klassenstufen nach den Merkmalen produktiv und rezeptiv ist in Kapitel 13 „Grammatik" in Form von Listen dargestellt. Die Kinder sollen in der Lage sein, am Ende der Klassenstufe 3 die in Kapitel 13 „Grammatik" für diese Klassenstufe genannten grammatischen Strukturen im produktiven bzw. rezeptiven Bereich zu verwenden. Am Ende der Klassenstufe 4 beherrschen die Kinder alle in Kapitel 13 „Grammatik" genannten Strukturen im produktiven bzw. rezeptiven Bereich (vgl. Kapitel 13 „Grammatik", S. 75 ff.).

Sprachfunktionen
Die Aufgliederung der Sprachfunktionen sowie deren Redemittel nach Klassenstufen und innerhalb der Klassenstufen nach den Merkmalen produktiv und rezeptiv ist in Kapitel 14 „Sprachfunktionen" in Form von Listen dargestellt. Am Ende der Klassenstufe 3 sollen die Kinder die für diese Klassenstufe genannten Redemittel im produktiven bzw. rezeptiven Bereich beherrschen. Am Ende der Klassenstufe 4 sollen sie alle genannten Redemittel im produktiven bzw. rezeptiven Bereich verwenden können. Gleiches gilt für die ebenfalls dort aufgeführten „häufig benutzten Ausdrücke in der gesprochenen englischen Sprache" (vgl. Kapitel 14 „Sprachfunktionen", S. 97 ff.).

Kognitive Lernziele

Kognitive Lernziele sind Ziele im Bereich des Wissens und der Einsichten über die fremde Kultur und ihre Sprache.

Die Kinder erwerben ein elementares Wissen über andere Lebensgewohnheiten, Umgangsformen und Institutionen der englischsprachigen Welt. Der Umfang dieser Kenntnisse ergibt sich aus den Bereichen, die in Kapitel 8 „Inhalte und Themen" dieses Entwurfs genannt sind.

Das bei Kindern schon in früher Kindheit vorhandene Potential an unbewusster Regelbildung, das die Grundlage für den Erwerb der Muttersprache darstellt, kann zunehmend für den Aufbau bewusster Vorstellungen über die Funktion der englischen Sprache entfaltet werden. Diese Einsichten führen zu einem vertieften Verständnis der Muttersprache und anderer Sprachen. Das so entstehende Sprachbewusstsein fördert die allgemeine Sprachlernkompetenz noch über die Muttersprache und die erste Fremdsprache hinaus.

5   Grundlagen und Prinzipien

Beim Englischunterricht in den Klassenstufen 3 und 4 handelt es sich nicht um eine Vorverlegung des bisherigen Unterrichts von der Klassenstufe 5 auf die Klassenstufe 3. Vielmehr müssen die altersgemäßen entwicklungspsychologischen und kognitiven Eigenschaften und Dispositionen der Kinder angemessen berücksichtigt werden.

Der Unterricht beachtet die Ergebnisse der Spracherwerbsforschung und erfolgt in altersgemäßer Form. Er muss auf frühes interkulturelles Lernen abzielen und dem starken Handlungsbedürfnis der Kinder dieses Alters Rechnung tragen. Durch das Englischlernen wird die sprachliche Kreativität der Kinder angeregt und in einem Maße gefördert, wie es allein durch die Muttersprache nicht möglich wäre.

Der Englischunterricht versteht sich nicht als isoliertes Einzelfach, sondern verbindet sich mit anderen Lernbereichen der Grundschule und bemüht sich um die unterstützende Zusammenarbeit mit den Eltern. Er nutzt die Spontaneität der Kinder und führt sie zu einer produktiven Verwendung der neuen Sprache und einem erweiterten Verständnis ihrer Muttersprache.

Ergebnisse der Spracherwerbsforschung

Viele bisherige Verfahren des frühbeginnenden Englischunterrichts beruhen auf der unzutreffenden Annahme, dass der Spracherwerbsvorgang der Fremdsprache dem Erwerb der Muttersprache weitgehend entspreche. Die Spracherwerbsforschung und die Entwicklungspsychologie haben jedoch den Nachweis erbracht, dass der muttersprachliche Spracherwerb nicht wiederholbar ist.[1]

Der Spracherwerb des Kleinkindes vollzieht sich von Ein-Wort-Sätzen über Zwei-Wort-Sätze zu längeren Einheiten.[2] Die Eltern eines Kleinkindes und dessen Umwelt kommunizieren mit dem Kleinkind in

---

1   Obler (1985:279 ff.).
2   Vgl. Cruttenden (1979:13 und 37), Klann-Delius (1999:39 f.) und Szagun (2000:14 ff.). Für die Negation im Zweitsprachenerwerb vgl. Wode (1981:98 ff.).

einer speziellen Sprachform (*motherese*),³ die ein achtjähriges Kind als zurückgeblieben und unangemessen empfinden würde.

Der Erwerb der Muttersprache geht Hand in Hand mit der Ausbildung eines kognitiven Systems der Erfassung, Einordnung und Bewertung von Erscheinungen der Umwelt. Das kognitive System des Kleinkindes befindet sich am Anfang seiner Entwicklung und ist erst bruchstückhaft ausgebildet.

Achtjährige Kinder verfügen hingegen auf Grund ihrer größeren Reife und umfangreicher Vorerfahrungen über ein wesentlich stärker ausgebautes kognitives System. Sie besitzen Verallgemeinerungs- und Abstraktionsfähigkeiten, die weit über die begrenzten Fähigkeiten von Kleinkindern hinausgehen.⁴ Dieses Potential wird von achtjährigen Kindern beim Erlernen der fremden Sprache selbstverständlich benutzt, und die Lehrenden können mit großem Gewinn darauf aufbauen.

Anders als ein Kleinkind verfügen die meisten Grundschulkinder im Alter von acht bis neun Jahren über ein weitgehend ausgebautes System ihrer Muttersprache. Dieses Sprachsystem wird unbewusst als Referenzsystem verwendet. Dadurch ergeben sich Anknüpfungs- und Übertragungsmöglichkeiten, die dem zwei- bis dreijährigen Kind nicht zur Verfügung stehen.

Daneben muss auch die begrenzte Zeit des schulischen Englischunterrichts berücksichtigt werden. Sie beträgt im günstigsten Fall nur 2 % der Zeit, die einem Kleinkind im gleichen Zeitraum zur Verfügung steht. Hoffnungen, dass Schulkinder durch ein unstrukturiertes „Sprachbad" von 90 Minuten pro Woche eine Sprache effizient lernen können, haben sich in der Praxis als nicht tragfähig erwiesen.

Altersgemäßes Lernen

Der Unterricht knüpft an die Erfahrungswelt der Kinder an. Er ist in hohem Maße anschaulich. Er nutzt die Realgegenstände im Klassenraum und die Dinge, die sich im Besitz der Kinder und in ihrer häuslichen Umgebung befinden. Spiele und Freizeitaktivitäten werden in der neuen Sprache durchgeführt. Im Unterricht nehmen spielerische Arbeitsformen einen breiten Raum ein. Sie wecken Interesse und Neugier, halten die Freude am Lernen aufrecht und fördern die damit verbundene Motivation.

---

3 Für die Merkmale dieser Sprachform vgl. Szagun (2000:187 ff.). Zu Entstehung und Bedeutung vgl. Wode (1988:273 f.). Von Jakobson (1941:13) als „Ammensprache" bezeichnet.
4 Vgl. Rossmann (1996:115 f.).

Die Lernfreude der Kinder wird auf eine neue Weise angeregt. Die Unbefangenheit der Kinder und ihre Bereitschaft zur Imitation machen eine spontane Übernahme neuer Sprachgewohnheiten möglich. Der Englischunterricht erschließt viele Wörter, die die Kinder in ihrer Umgebung antreffen, und spricht die Wissbegier der Lernenden in besonderem Maße an.

Interkulturelles Lernen

Die Kinder erkennen, dass die Bedeutung vieler Wörter eine je eigene kulturspezifische Prägung hat (z.B. englisch *eat* bezeichnet Nahrungsaufnahme durch Mensch und Tier, deutsch *essen* bezeichnet Nahrungsaufnahme nur durch Menschen, für Tiere wird das Verb *fressen* verwendet). Dasselbe erfahren sie für die unterschiedliche Verwendung von Wörtern. Auf diese Weise erweist sich schon die sprachliche Seite des Englischunterrichts als wichtige Erkenntnis der Andersartigkeit und als Baustein des interkulturellen Lernens.

Daneben treten die neuen Inhalte der fremden Kultur. Neben der sprachlichen Darstellung können sie konkret in die Umgebung der Kinder eingeführt werden: Das Klassenzimmer wird mit authentischen Materialien (Flaggen, Landkarten, Plakaten, Bildern bekannter Personen aus der fremdsprachlichen Welt, Bildern von markanten Bauwerken etc.) ausgeschmückt.

Speisen der englischsprachigen Welt werden zubereitet und gemeinsam eingenommen. Feste werden unter Einbeziehung fremdsprachlicher Gebräuche gefeiert. Das Klassenzimmer wird in dieser Zeit entsprechend dekoriert.

Die Erfahrung von Gleichheit und Andersartigkeit führt zum Abbau von Vorurteilen gegenüber dem Fremden und fördert Verständnis und Toleranz.

Handlungsorientiertes Lernen

Der Unterricht nutzt alle spontan auftretenden Sprechanlässe. Er orientiert sich an Themen, Inhalten und Situationen, die für die Kinder bedeutsam, interessant, nachvollziehbar und erlebbar sind.

Sprachliche und nichtsprachliche Unterrichtsrituale strukturieren und begleiten den Unterricht (z.B. Begrüßungslieder). Die Kinder erhalten die Gelegenheit zur sprachbegleitenden Bewegung (Nachahmung von Tätigkeiten, szenische Umsetzungen von einfachen Handlungen). Hinzu tritt aktive Gestaltung (Bearbeiten und Vervollständigen von Vorlagen, Erstellung von Bildern, Basteln).

Die Überprüfung des Sprachverständnisses erfolgt nicht auf verbal-abstrakte Weise, sondern durch Handlungen, die die Lernenden nach gegebenen Sprachimpulsen ausführen. Rhythmisierte Texte in der Form von Reimen und *Chants* werden durch Bewegungen begleitet. Dasselbe gilt für englischsprachige Lieder, die mit Tanzformen verbunden werden können.

Die Unterrichtsrituale und die allgemeine Handlungsorientierung tragen in starkem Maße zur emotionalen Stabilisierung der Kinder bei und führen zu einem freundlichen und anregenden Lernklima im Englischunterricht.

Anregung und Förderung von sprachlicher Kreativität

Das der neuen Sprache innewohnende Kreativitätspotential kommt auf jeder Stufe des Unterrichts zum Tragen. Satzbaumuster werden spielerisch eingeführt und gefestigt und zu neuen Ausdrucksformen und Inhalten erweitert. Austauschbeziehungen von Wörtern werden erprobt und durch Experimente getestet. Geschichten werden abgewandelt, fortgeführt, umgestaltet oder neu erfunden.

Schon Kleinkinder machen unbewusste Annahmen über sprachliche Regeln, z.B. wenn sie Formen wie *geschlaft* statt *geschlafen* bilden, die es in der deutschen Sprache nicht gibt, deren Entstehen aber auf einer (noch unvollständigen) Regel des Kindes beruht.

Dieses Potential kann durch behutsame Hinführung zum Aufbau von Konzepten über die fremde und die eigene Sprache genutzt werden (*language awareness*).[5] Dazu dienen mündliche Akzentuierungen durch besondere Betonung, Hervorhebungen durch Gesten, Unterstreichungen oder farbige Markierungen im Schriftbild etc. Auf diese Weise wird die Entfaltung und Erweiterung des Sprachbewusstseins der Kinder wirksam angeregt und gefördert.[6]

Vernetzung mit anderen Lernbereichen der Grundschule

Der Englischunterricht steht nicht unverbunden neben den anderen Lernbereichen der Grundschule. Er greift Themen und Inhalte auf, die in anderen Lernbereichen behandelt werden, z.B. in Deutsch, Sachunterricht, Musik, Bildende Kunst, Mathematik und Sport. Die Bezüge

---

5 Vgl. Hawkins (1994).
6 Vgl. Sarter (1997:85 f.).

zum Sachunterricht sind in Kapitel 8 „Inhalte und Themen" im Einzelnen genannt.

Zusammenarbeit mit Eltern

Die Unterstützung der Eltern kann durch eingehende Informationen über die Ziele, Inhalte und Methoden des Englischunterrichts erreicht werden. Erste Informationen sollten den Eltern schon vor dem Ende des zweiten Schuljahres gegeben werden.

Die Eltern erfahren, dass das frühe Fremdsprachenlernen sich deutlich vom Englischunterricht der Klassenstufe 5 unterscheidet. Sie erkennen, dass spielerische Unterrichtsformen und das gezielte Erreichen von ausbaufähigen Lernergebnissen sich nicht ausschließen. Auf diese Weise wird das Verständnis für das frühe Fremdsprachenlernen gefördert. Vorbehalte und Ängste vor Überforderungen können wirksam abgebaut werden.

Den Eltern können Anregungen für die Beschäftigung ihrer Kinder in der Freizeit gegeben werden durch Hinweise auf Kinderbücher, Fernsehsendungen für Kinder in englischer Sprache, Materialien von Lehrwerkverlagen, Computerspiele, Lernsoftware etc. Daneben liefern Feste und Feiern mit der Klasse oder Schule fruchtbare Anlässe der Zusammenarbeit zwischen den Eltern und den Lehrkräften.

6 Methoden

Die wichtigsten methodischen Aspekte des Englischunterrichts der Klassenstufen 3 und 4 betreffen die Rolle der Muttersprache im Verhältnis zur neu zu erlernenden Fremdsprache, die Vielfalt der methodischen Maßnahmen, die Vermeidung von Überforderungen, die Behandlung von Fehlern, die Medien sowie die Arbeits- und Sozialformen.

Weitgehende Einsprachigkeit

Von Anfang an ist die englische Sprache das Hauptverständigungsmittel im Unterricht. Dies geschieht durch die Benennung von Realgegenständen in der unmittelbaren Umgebung der Kinder. Erfolgreich ist auch die Anknüpfung an englische Wörter, die den Kindern aus dem Alltag bekannt sind (*jeans, toast, cornflakes, mountain bike* etc.).

Die Vorstellung von Personen unter Verwendung elementarer Satzmuster wird erleichtert durch die Sprachverwandtschaft des Englischen mit dem Deutschen (*My name is ..., This is ...*). Der vielfältige Einsatz visueller Medien macht die Verwendung der Fremdsprache auch dort möglich, wo es um Dinge, Personen oder Handlungen geht, die nicht im Klassenraum vorhanden sind (vgl. auch den folgenden Abschnitt „Medien").

Eindeutige Situationen und Sprechanlässe, die sich auf das Allgemeinwissen und den Erfahrungshorizont der Kinder stützen, bilden die Grundlage für ein sicheres Verständnis des Gesprochenen. Sorgfältige Abwandlungen dieser bekannten Situationen machen es möglich, eine sukzessive Erweiterung des Sprachkönnens zu erreichen, ohne dass die Verständlichkeit beeinträchtigt wird.

Für die Förderung und Aufrechterhaltung der Kommunikation in der fremden Sprache können Handpuppen eine besondere Rolle spielen. Ihr Einsatz kann sich auf zwei Weisen vollziehen. Zum einen kann die Puppe in der Hand der Lehrkraft als jemand verwendet werden, der überhaupt kein Deutsch versteht und die Kinder auf diese Weise dazu bringt, mit ihr ausschließlich in der englischen Sprache zu kommunizieren. Zum anderen kann durch Puppen in der Hand der Lernenden erreicht werden, dass Hemmungen wirksam abgebaut werden. Manche Kinder können sich leichter mit einer völlig anderen Aussprache und Intonation äußern, wenn sie nicht als sie selbst sprechen, sondern dies zunächst durch eine Handpuppe tun, die schon durch ihre äußere Erscheinung die Andersartigkeit der neuen Sprachäußerungen deutlich werden lässt.

Trotz der weitgehenden Einsprachigkeit darf der Einsatz der Muttersprache nicht ausgeschlossen werden. Die Muttersprache kann der schnellen Verständniserschließung dienen, insbesondere, wenn es sich um Wörter, Strukturen oder Redemittel handelt, die durch die oben genannten Hilfen nur schwer oder auf sehr umständliche Weise verständlich gemacht werden können.

Methodische Vielfalt

Verteiltes Lernen ist wirksamer als gehäuftes Lernen. Für den Englischunterricht in den Klassenstufen 3 und 4 sollten die Unterrichtseinheiten - wo immer stundenplantechnisch möglich - einen Zeitraum von 20 bis 25 Minuten nicht überschreiten. Vier Unterrichtseinheiten in der Woche zu je 20 bis 25 Minuten können abwechslungsreicher und motivierender gestaltet werden als zwei Unterrichtseinheiten zu 45 Minuten.

Innerhalb der einzelnen Unterrichtseinheiten ist kleinschrittiges Vorgehen in Verbindung mit häufig wechselnden Unterrichtsformen und -inhalten von wesentlicher Bedeutung. Es handelt sich um den Wechsel zwischen Neuem und Bekanntem, den Wechsel zwischen Handlung und Sprache sowie den Wechsel der Inhalte und Themen.

Hinzu treten der angemessene Wechsel der Arbeits- und Sozialformen (Frontalunterricht, Gruppen-, Partner- und Einzelarbeit), Wechsel der Medien, Wechsel zwischen Präsentation von neuen Sprachelementen, Übungen und Anwendungen des Gelernten sowie der Wechsel zwischen sprachlichen, musischen, spielerischen und anderen handlungsorientierten Arbeitsformen.

Vermeidung von Überforderungen

Der Unterricht muss darauf Rücksicht nehmen, dass die Kinder viel Zeit zum Erfassen der Form und Bedeutung der neuen Sprachmittel benötigen. Zwischen dem ersten hörenden Verstehen und der Fähigkeit, das Verstandene zu reproduzieren, liegen viele Zwischenstufen.

Den Lernenden muss daher das sprachlich Neue durch häufiges Hören in vielfach variierter Form nahe gebracht werden. Es folgt die wiederholte Imitation. Erst wenn diese Stadien durchlaufen sind, kann es zu einer ersten eigenständigen Produktion der neuen Sprachmittel kommen. Auch hier sind viele Wiederholungen und Abwandlungen erforderlich, um die angestrebte freie Geläufigkeit zu erreichen.

Damit dies möglich ist, muss eine lernfördernde Stufung der Unterrichtsinhalte (vom Grundlegenden zum darauf Aufbauenden) gewähr-

Methoden

leistet sein. Die Häufigkeit des Übens und der Reichtum der Übungsformen sind wichtige Voraussetzungen für erfolgreiches Lernen. Das Üben und Anwenden erfolgt nicht einmalig und punktuell, sondern in zyklischer Wiederholung (im Sinne eines spiralförmigen Curriculums) mit jeweilig erneuter Festigung und Erweiterung der Wissensbasis.

Fehlertoleranz

Fehler zeigen an, dass die Kinder sich in einem Durchgangsstadium auf dem Wege zur korrekten Sprachbeherrschung befinden.[1] Auch das Erlernen der Muttersprache ist durch Fehler gekennzeichnet. Bei klarer Verständlichkeit der Äußerung ist im Anfangsunterricht auf eine Korrektur möglichst zu verzichten. Korrekturen dürfen den Sprech- und Gedankenfluss nicht unterbrechen.

Bei unverständlichen Äußerungen erfolgt eine einfühlsame und kindangemessene Hilfestellung durch Wiederholen oder Einflüstern. Korrekturen dürfen auf keinen Fall dazu führen, dass sensible Kinder Hemmungen entwickeln, sich überhaupt in der fremden Sprache zu äußern.

Dagegen sollten Rückmeldungen über Sprachrichtigkeit häufig eingesetzt werden. Sie sind ein wichtiges Mittel, um die Sprechbereitschaft der Kinder anzuregen und zu fördern. Gelungene Leistungen sollten durch gezieltes Lob anerkannt werden. Dies gilt auch und besonders für lernschwächere Kinder, die einen besonderen Bedarf an Ermutigung und Anerkennung haben.

Medien

Der Englischunterricht der Klassenstufen 3 und 4 muss alle Sinne ansprechen. Dies kann durch eine Vielzahl von Medien geleistet werden. Medien vermitteln Authentizität und fördern die Motivation der Lernenden. Sie spielen eine bedeutende Rolle für die in den Klassenstufen 3 und 4 erforderliche Vielfalt der Methoden. Der Einsatz unterschiedlicher Medien ermöglicht es, unterschiedliche Wahrnehmungskanäle anzusprechen, so dass für alle Lernenden die individuell günstigsten Verständnismöglichkeiten bereitgestellt werden.

Typische Medien für den Englischunterricht der Klassenstufen 3 und 4 sind: Spielsachen, Spiele, Handpuppen, *poster*, Bilder, Bildserien, *big books*, Folien, Haftelemente, *flashcards*, Wortkarten, Satzstreifen, Vorlagen für Grußkarten (z.B. Weihnachten, Geburtstag).

---

1 Vgl. Selinker (1972).

CDs oder Kassetten mit Hörtexten (Reime, Lieder, Geschichten, *Chants*) begleiten und ergänzen die visuellen Medien. Die Lieder und *Chants* sollen möglichst auch in Playback-Versionen vorhanden sein, bei denen lediglich die Melodie oder der Rhythmus vorgegeben ist, damit die Kinder die zugehörigen Texte singen oder sprechen können.

Die Tonträger sollten unterschiedliche Sprecherinnen und Sprecher aller Altersgruppen zu Gehör bringen. So gewöhnen die Kinder sich frühzeitig an die Vielfalt der Aussprache und Intonation von Muttersprachlern und werden zunehmend unabhängig vom Sprachvorbild der Lehrkraft. Wenn die Kinder schon besser Englisch können, sollte die Sprache durch Nebengeräusche (z.B. Verkehr, Stimmen aus dem Hintergrund) begleitet sein, damit das Hörverstehen auch unter realistischen Kommunikationsbedingungen gesichert ist.

Der Einsatz von Videos, CDs/DVDs macht es möglich, ganze Handlungsabläufe mit Bild und Ton darzubieten. Wenn das Verständnis voll gesichert ist, kann die isolierte visuelle Version (in Teilen oder vollständig) als Grundlage für sprachliche Nachgestaltungen und Abwandlungen durch die Kinder dienen. Umgekehrt kann die isolierte akustische Komponente zur zusätzlichen Übung des Hörverstehens eingesetzt werden.

Computeranimationen in kindgemäßer Form können ebenfalls Eingang in den Unterricht finden bzw. zu Hause ergänzend verwendet werden. Auch hier lässt sich aus dem Zusammenwirken von Bild und Ton sowie ihrer unterrichtsangemessenen Trennung großer Gewinn an methodischer Vielfalt ziehen.

Arbeits- und Sozialformen

Anders als in Lernbereichen wie Sachunterricht oder Deutsch kann im Englischunterricht das Vorwissen der Kinder nur in viel geringerem Maße herangezogen werden. Die Kinder kennen die Aussprache der neuen Sprachelemente noch nicht, und sie wissen nicht, welche Bedeutung die neu zu erlernenden Wörter und Redemittel haben. Aus diesem Grunde ist zur Präsentation der neuen Sprachmittel und zu ihrer Einbettung in eine sinnvolle Situation der Frontalunterricht anfangs unvermeidbar. Bei dieser Präsentation sollte die Rolle der Lehrperson so weitgehend wie möglich durch Medien begleitet oder ersetzt werden.

Besonders wichtig sind daneben unterschiedliche Arbeits- und Sozialformen, wie der Wechsel von der üblichen Sitzordnung zum Sitzkreis oder zum Stehkreis. Die Nachahmung von Bewegungen, die mit sprachlichen Bedeutungen verbunden sind, das Vorführen von Pantomimen, der Einsatz von Spielen (Bewegungsspiele, Ratespiele, Wettspiele) tragen dem Handlungsbedürfnis der Kinder Rechnung. Hinzu treten einfache Rollenspiele und Simulationen (z.B. Erkundigungen einholen, Auskünfte erteilen, Einkaufen).

Der angemessene Wechsel zwischen Frontalunterricht, Gruppenarbeit, Partnerarbeit und Einzelarbeit ist darüber hinaus die Grundlage einer abwechslungsreichen Unterrichtsgestaltung. Vorhaben zur Erstellung von Karten, Kalendern oder Wandzeitungen, zum Basteln oder zur Klassenraumgestaltung sowie Projekte zur Aufführung von szenischen Darstellungen einfacher Handlungen tragen zur Vielfalt der Arbeits- und Sozialformen bei und schaffen eine anregende und lernfördernde Atmosphäre.

7 Differenzierung

Im Englischunterricht der Klassenstufen 3 und 4 sind alle Begabungen und Fähigkeiten vertreten: Neben sprachlich begabten haben wir es auch mit lernschwachen Kindern zu tun. Die Kinder befinden sich in unterschiedlichen Reife- und Entwicklungsstadien. Sie haben darüber hinaus unterschiedliche Interessen und Vorerfahrungen.

Jedes Kind soll zur Ausschöpfung seines individuellen Lernpotentials geführt werden. Dies kann nur durch Binnendifferenzierung geleistet werden. Die erfolgreiche Binnendifferenzierung ist eine der schwierigsten und anspruchsvollsten Aufgaben, die von den Lehrkräften zu leisten ist.

Differenzierende Maßnahmen betreffen alle im Englischunterricht zu entwickelnden Fertigkeiten: 1. Hören und Verstehen, 2. Sprechen, 3. Lesen und Verstehen, 4. Schreiben.

Ebenso ist nach dem Lernumfang zu differenzieren. Dies betrifft die im Englischunterricht zu vermittelnden Sprachbestände: 1. Aussprache und Intonation, 2. Wortschatz, 3. Grammatik, 4. Sprachfunktionen.

Das folgende Kapitel ist nach diesen Gesichtspunkten gegliedert. Am Ende finden sich zusammenfassende Aussagen zu methodischen Maßnahmen und zur Differenzierung nach sprachlichen Mitteln. Nicht eingegangen wird an dieser Stelle auf Kinder mit ausgeprägten Schwächen der akustischen Wahrnehmung, der Artikulation, des Sehens und der Motorik. Für diese Kinder sind im Einzelfall spezifische Therapien und Lernhilfen erforderlich.

Hören und Verstehen

Ohne differenzierte Wahrnehmung kann es nicht zum Verständnis des Gehörten kommen. Das Einhören ist besonders für lernschwache Kinder zeitlich auszudehnen und verständnisfördernd zu begleiten. Kinder benötigen häufige Wiederholungen, bevor sie mit dem Sprechen beginnen können. Das Gehörte muss insbesondere für lernschwache Schüler durch umfangreiche Verständnishilfen begleitet sein (Gesten, Reihungen von Bildern, Verlaufsdiagramme etc.).

Die Kontrolle des Verständnisses des Gehörten erfolgt für leistungsschwächere Kinder nicht verbal, sondern durch Bewegungen, die das Gehörte veranschaulichen, durch das Zeigen auf Gegenstände oder Bilder, durch Ankreuzen oder Ausmalen der gemeinten Objekte oder

Differenzierung

durch das Zeigen von Signalkarten („*Yes/No*", „*Red/Green*", „*Right/Wrong*").

Lernstärkere Kinder können ihr Hörverständnis durch Zuordnung von Wortkarten zu Bildern nachweisen sowie durch Beantworten von Fragen in mündlicher Form. Anspruchsvollere Überprüfungen des Hörverständnisses können durch Ankreuzen zutreffender Wörter oder Sätze erfolgen. Der Nachweis des Verständnisses durch eigene schriftliche Formulierungen der Kinder kommt erst am Ende der 4. Klassenstufe für besonders leistungsstarke Kinder in Frage.

Sprechen

Lernschwache Kinder müssen besonders häufig Gelegenheit zum reproduktiven Sprechen erhalten. Über häufiges Mitsprechen gelangen sie zum Nachsprechen. Erst wenn eine ausreichende Sicherheit gegeben ist, können sie produktiv auf Impulse sprechen.

In allen Stadien ist der Umfang der Sprachäußerungen sorgfältig abzustufen (von Einzelwörtern über Wortverbindungen zu Sätzen). Auf jeder Stufe sind begleitende Hilfen vorzusehen (gesprochene Vorgaben, Gegenstände, Bilder etc. zum Verständnis des Gesprochenen).

Lernstärkere Kinder können zum produktiven Sprechen geführt werden. Für die leistungsstärksten Schüler gilt am Ende der Klassenstufe 4 das freie Sprechen in Form von Kurzdialogen oder kleinen Erzählungen.

Lesen und Verstehen

Das Schriftbild der neuen Sprache kann erst eingeführt werden, wenn das Hörverständnis gesichert ist. Auch hier ist eine sorgfältige Abstufung erforderlich. Sie reicht von Wortkarten mit Einzelwörtern, die still zu lesen sind, bis hin zum lauten Vorlesen eines kurzen Textes nach vorbereitender Einübung.

Die sieben Zwischenstufen sind in Kapitel 9 „Vom Hören zum Sprechen, vom Lesen zum Schreiben" (S. 47) dargestellt. Für lernschwächere Kinder kommen die Stufen 1 bis 5 unter sorgfältiger Steigerung des Schwierigkeitsgrades in Frage. Für lernstarke Kinder können zusätzlich die Stufen 6 und 7 hinzutreten.

Schreiben

Das Schreiben steht am Ende des Lernprozesses. Für die meisten Schüler gilt von der zweiten Hälfte der Klassenstufe 3 das Ziel des reproduktiven Schreibens. Für leistungsschwächere Kinder muss sich das reproduktive Schreiben auf ein bekanntes Schriftbild stützen. Es erfolgt in der Form des Abschreibens.

Das produktive Schreiben kann nur von den leistungsstärksten Kindern gefordert werden. Es beginnt mit dem Schreiben nach Vorgaben und kann in den günstigsten Fällen zum selbstständigen Schreiben führen. Diese Ziele sind erst am Ende der Klassenstufe 4 erreichbar.

In allen Stadien muss der Umfang der schriftlichen Leistung sorgfältig abgestuft werden (vom Einzelwort über den Satz zum Text).

Besonders bei schriftlichen Aufgaben können lernstärkere Kinder zur Hilfe und Unterstützung der übrigen Lernenden herangezogen werden.

Aussprache und Intonation

Es ist anzustreben, dass alle Kinder die lautlichen Besonderheiten, die die Verständlichkeit beeinträchtigen (S. 56-60), korrekt artikulieren können. Dabei handelt es sich um
- die englischen Reibelaute [ð] und [θ]
- die Stimmhaftigkeit der englischen Konsonanten am Wortende
- das im Deutschen nicht vorhandene [dʒ]
- das englische [w]
- das englische [æ].

Die lautlichen Besonderheiten, die keinen Bedeutungsunterschied zur Folge haben, aber für das Englische charakteristisch sind (das englische [r] und helles [l] vs. dunkles [ɫ], S. 60-61) sollten von den lernstärkeren Kindern voll beherrscht werden. Bei lernschwächeren Kindern kann von der vollen Beherrschung abgesehen werden, da eine am Deutschen angelehnte Aussprache die Verständlichkeit nicht beeinträchtigt.

Wortschatz

Als Minimum gilt für alle Kinder der in Kapitel 12 „Wortschatz" genannte Umfang sowohl im produktiven als auch im rezeptiven Bereich von insgesamt 121 Wörtern. Dieser Wortschatz ist als Grundlage für die Weiterführung des Englischunterrichts in der Klassenstufe 5 erforderlich.

Für lernstärkere Kinder kann der in Kapitel 12 „Wortschatz" als rezeptiv bezeichnete Wortschatz auch produktiv verwendet werden. Eine zusätzliche Erweiterung des rezeptiven und produktiven Wortschatzes kann sich aus der Vertiefung der in Kapitel 8 „Inhalte und Themen" genannten Themenbereiche nach freier Entscheidung der Lehrkraft ergeben.

Grammatik

Als Minimum gilt für alle Kinder der in Kapitel 13 „Grammatik" genannte Umfang sowohl im produktiven als auch im rezeptiven Bereich. Hierbei handelt es sich um einen Umfang, der die Grundlage für die Weiterführung des Englischunterrichts in der Klassenstufe 5 bildet.

Für lernstärkere Kinder können die in Kapitel 13 „Grammatik" als rezeptiv bezeichneten grammatischen Strukturen auch produktiv verwendet werden. Darüber hinaus kann sowohl rezeptiv als auch produktiv ein größerer Umfang an grammatischen Strukturen in Frage kommen. Dies gilt etwa für das *present progressive* in Aussage, Frage und Verneinung, den *of*-Genitiv sowie futurische Aussagen mit BE GOING TO.

Sprachfunktionen

Als Minimum gilt für alle Kinder der in Kapitel 14 „Sprachfunktionen" genannte Umfang sowohl im produktiven als auch im rezeptiven Bereich. Er ist die Grundlage für die Weiterführung des Englischunterrichts in der Klassenstufe 5.

Für lernstärkere Kinder können die in Kapitel 14 „Sprachfunktionen" als rezeptiv bezeichneten Sprachfunktionen und Redemittel auch produktiv verwendet werden. Dies gilt auch für die dort genannten „häufig gebrauchten Ausdrücke". Lernstärkere Kinder können den Umfang an Redemitteln für Sprachfunktionen deutlich steigern, indem die Variationsmöglichkeiten im Rahmen der abwandelbaren Redemittel so weit wie möglich ausgeschöpft werden.

Methodische Maßnahmen zur Differenzierung

Maßnahmen zur Differenzierung manifestieren sich insbesondere dadurch, dass die lernschwächeren Kinder mehr Zeit und mehr Hilfen erhalten als die lernstärkeren. Mimik und Gestik haben für lernschwächere Kinder einen höheren Stellenwert als sprachliche Äußerungen, die das Verständnis dokumentieren. An die Stelle von Gestik und Mimik können auch Handlungen treten wie das Zeigen, Unterstreichen, Ankreuzen und Ausmalen.

Die reproduktiven Leistungen haben für lernschwächere Kinder einen größeren Umfang und ein stärkeres Gewicht als die produktiven Leistungen. Dies gilt sowohl für die gesprochene als auch die geschriebene Sprache. Für lernstärkere Schüler können unterstützende Hilfen (z.B. Bilder, Symbole, Wortvorgaben, Satzrahmen) früher und in stärkerem Maße zurücktreten als bei lernschwächeren.

Eine wichtige Aufgabe der Lehrkraft besteht darin, die lernstärkeren Kinder gezielt als Helfer in die Partner- und Gruppenarbeit einzubeziehen. Dadurch kann das kooperative Zusammenwirken aller Kinder der Lerngruppe in hohem Maße entwickelt und gefördert werden.

8 Inhalte und Themen

Kriterien der Auswahl von Inhalten und Themen

Die folgenden Gesichtspunkte bilden die Kriterien für die Auswahl von Inhalten und Themen:
- Elementare Kommunikationsbedürfnisse
- Altersangemessenheit
- Anknüpfung an die Interessenlage und Lebenswelt der Kinder
- Förderung der Motivation und Lernfreude
- Berücksichtigung interkultureller Informationen
- Handlungsorientierte Anwendungsmöglichkeiten
- Verknüpfung mit den Lernbereichen der Grundschule.

Die Inhalte und Themen

Die Inhalte und Themen gliedern sich in zwei Bereiche:
(1) Eigenständige Themenbereiche
(2) Themenbereiche zur Charakterisierung und Ordnung in Raum und Zeit.

1. Eigenständige Themenbereiche

About myself	Clothes	Transport
At school	Food and drink	Festive events
Meet my family and friends	Animals	The world of English
At home	Weather	Earth and the universe
My body	Leisure	The world of magic

2. Themenbereiche zur Charakterisierung und Ordnung in Raum und Zeit

Colours	Numbers and letters	Location
	Time, days, months, seasons	

Die Themenbereiche zur Charakterisierung und Ordnung in Raum und Zeit sind zur näheren Beschreibung der meisten eigenständigen Themenbereiche erforderlich. Aus diesem Grunde werden Bestandteile beider Bereiche oft miteinander verknüpft.

Die Behandlung der Inhalte und Themen

Die Behandlung der genannten Themenbereiche ist verbindlich. Eine feste Reihenfolge wird nicht vorgeschrieben. Themenbereiche können miteinander kombiniert werden. Nicht alle Themen eignen sich für eine frühe Behandlung. Zum Einstieg empfehlen sich die Themen: *About myself, At school, Meet my family and friends.*

Die Inhalte und Themen benötigen einen unterschiedlichen Zeitaufwand für ihre Behandlung im Unterricht. Bei der Behandlung der Themen kann es nicht darum gehen, ein Thema über einen längeren Zeitraum in allen Aspekten zu erschöpfen.

Die einzelnen Themen sollten in Abständen wieder aufgenommen werden. Diese Wiederaufnahme sichert die Festigung und Verfügbarkeit der mit den einzelnen Themen verbundenen Sprachmittel (Aussprache, Wortschatz, Grammatik, Sprachfunktionen).

Bei jeder dieser Wiederaufnahmen wird das Thema um neue Gesichtspunkte ergänzt und erweitert. Dabei erfolgt neben der erneuten Übung der bekannten Sprachmittel eine Ausweitung des Wortschatzes, der Grammatik sowie der Sprachfunktionen.

Durch diese Vorgehensweise treten neue Sprachmittel systematisch zu den bereits erlernten hinzu. So verbindet sich die Übung und Festigung vorhandener Sprachbestände mit der Aufnahme neuer Sprachmittel in einem zyklischen oder spiralförmigen Verfahren.

Verknüpfung mit Themen und Inhalten des Sachunterrichts

Ideal ist eine Verbindung mit den entsprechenden Themen und Inhalten des Sachunterrichts. Diese Anknüpfungspunkte sollen gezielt wahrgenommen werden.

So kann beispielsweise an die folgenden Themen und Inhalte angeknüpft werden:

Inhalte und Themen

Sachunterricht	Englischunterricht
Orientierung in der Schule	*At school*
Eine gemeinsame Mahlzeit	*Food and drink*
Kind und Familie	*Meet my family and friends*
Pflege eines Haustieres	*Animals*
Geburt und Wachstum eines Kindes	*My body*
Gemeinsam spielen	*Leisure*
Tiere im Zoo und in der Großstadt	*Animals*
Straße als Verkehrs- und Lebensraum	*Transport*
Der Radfahrer als Verkehrsteilnehmer	*Transport*
Umgang mit Nahrungsmitteln	*Food and drink*
Wetterbeobachtungen	*Weather*
Umgang mit Kleidung	*Clothes*

Die genannten Themen und Inhalte können erweitert werden, indem sie sich an den Lehrplänen des jeweiligen Bundeslandes orientieren.

Darüber hinaus sollte die Integration der englischen Sprache im Unterricht anderer Lernbereiche wie Musik, Kunst und Sport angestrebt werden.

Unterthemen zu den eigenständigen Themenbereichen

Die im Folgenden genannten Unterthemen haben Beispielcharakter und stellen eine offene Liste dar. Sie können um vergleichbare Unterthemen ergänzt und erweitert werden.

Themenbereich	Mögliche Unterthemen
About myself	My name, my age Where I live and where I come from What I like and what I don't like ...
At school	My school and my classroom Things in my school bag My timetable and my teachers ...
Meet my family and friends	Members of my family and my friends Introducing myself and others Ways of saying goodbye ...
At home	My room and things in my room In the kitchen Other rooms and things in them ...
My body	Parts of my body How I feel today When I am ill ...
Clothes	What I wear at school Different weather – different clothes At a fancy dress party ...
Food and drink	Meals during the day Fruits and vegetables What I like to eat and drink and what I don't like to eat and drink ...
Animals	Pets Animals in the zoo Animals on a farm ...
Weather	What's the weather like ... (today / in the winter / in England, ...) Good weather, bad weather Temperatures ...

Themenbereich	Mögliche Unterthemen
Leisure	*My toys* *Sports, hobbies, games and parties* *Going on holiday* *...*
Transport	*Going to school* *Bus, tram, underground, railway, ...* *My bike and other vehicles* *...*
Festive events	*Birthday* *Halloween, Valentine's Day* *Christmas, Easter and other festive seasons* *...*
The world of English	*Jeans and ketchup – English words around the world* *Where do they speak English? (USA, England, Australia, Canada, ...)* *Using English in other countries (France, Denmark, Italy, ...)* *...*
Earth and the universe	*Nature, the elements* *The planets and stars around us* *Between earth and stars: space ships, astronauts, flying saucers, ...* *...*
The world of magic	*Fairy tales* *Monsters, ghosts, wizards and witches* *My dreams* *...*

9 Vom Hören zum Sprechen, vom Lesen zum Schreiben

Die Schulung der Fertigkeiten im Englischunterricht der Klassenstufen 3 und 4 folgt der Reihenfolge im natürlichen Spracherwerb: 1. Hören und Verstehen, 2. Sprechen, 3. Lesen und Verstehen, 4. Schreiben. Die Lernenden können nichts sprechen, was sie nicht zuvor gehört haben, sie können nichts schreiben, was sie nicht zuvor gelesen haben.

Hören und Verstehen

Beim hörenden Verstehen sind die Lernenden nur scheinbar passiv. Tatsächlich müssen sie in kürzester Zeit hochkomplexe Leistungen erbringen. Diese sind u.a.
- die Erkennung bedeutungsunterscheidender Laute
- die Erkennung von Wortgrenzen im Kontinuum des Lautstroms
- die korrekte Interpretation von Tonhöhen und ihrer Abfolgen (z.B. bei der Entscheidung über Aussage oder Frage)
- die Zuordnung von Bedeutungen zu Wörtern und Wortfolgen
- die korrekte Einordnung des Gehörten in den Sinnzusammenhang.

Die Grundlage eines erfolgreichen Hörverständnisses ist intensives Einhören. Die Kinder müssen die Gelegenheit für eine umfassende und häufige Begegnung mit gesprochener Sprache erhalten.

Die Lehrkraft ist das wichtigste Sprachvorbild. So oft wie möglich sollte daneben die Begegnung mit Hörtexten von Tonträgern stehen, die von muttersprachlichen Sprechern stammen. Wo immer möglich sollte die gesprochene Sprache durch visuelle Hilfen unterstützt werden (Gestik, Mimik, Bilder, Bildfolgen, Videos).

Ob die Kinder das Gehörte richtig verstanden haben, lässt sich nicht direkt beobachten. Deshalb muss die Vergewisserung über das Hörverständnis indirekt erfolgen. Für die Klassenstufen 3 und 4 sind Aktivitäten wie die Folgenden von Bedeutung.

Gesprochene Anweisungen ausführen	Die Kinder reagieren auf Anweisungen wie: *Stand up, sit down, take out your book, open the window, ...*
Gegenstände identifizieren	Die Kinder hören *Show me your pen, your pencil, your German book, ...* und zeigen die Gegenstände.
Verständnis des Gehörten durch Gesten nachweisen	Die Kinder hören *She can swim* und imitieren Schwimmbewegungen.
Das Gehörte durch Aufzeigen von farbigen Karten als richtig oder falsch bezeichnen	Die Kinder sehen das Bild eines Hundes und hören den Satz *This is a cat*. Reaktion: Rote Karte. Die Kinder sehen das Bild eines Balles und hören den Satz *This is a ball*. Reaktion: Grüne Karte.
Bildkarten nach gesprochenen Angaben identifizieren	Die Kinder hören den Satz *Two girls are in the garden* und zeigen auf das zutreffende Bild aus einer Reihe von Bildern.
Gehörtes durch kleine Zeichnungen darstellen	Die Kinder hören *a table, a chair, a book, ...* und fertigen die entsprechende Zeichnung an.

Sprechen

Das Sprechen gliedert sich in reproduktives Sprechen und produktives Sprechen. Das produktive Sprechen ist eine Leistung, die erst nach weitgehender Sicherung des reproduktiven Sprechens erreicht werden kann.

Reproduktives Sprechen

Mit dem reproduktiven Sprechen kann erst begonnen werden, wenn das Gehörte verstanden ist. Reproduktives Sprechen beginnt mit gestütztem Sprechen (Mitsprechen, Sprechen in Kleingruppen, Sprechen im Chor) und führt über das Nachsprechen zum Sprechen auf vorgegebene Impulse.

Beim Mitsprechen erhalten die Lernenden die Möglichkeit, der Sprechgeschwindigkeit und dem Sprachrhythmus des Vorbilds (Lehrkraft oder Tonträger) zu folgen. Das Chorsprechen ist eine zusätzliche Hilfe beim reproduktiven Sprechen. Es trägt dazu bei, Unsicherheiten und Hemmungen abzubauen.

Das Nachsprechen durch einzelne Kinder gibt die Möglichkeit der Bestätigung der richtigen Aussprache sowie zur individuellen Hilfe und Korrektur. Korrekturen müssen zurückhaltend und einfühlsam vorgenommen werden. Im Zweifelsfall müssen Freude am Sprechen und Spontaneität den Vorrang haben.

Wenn das Nachsprechen sicher gelingt, kann zum impulsgesteuerten Sprechen übergegangen werden. Das impulsgesteuerte Sprechen stellt den Übergang zum produktiven Sprechen dar.

Unter Berücksichtigung der Länge der Sprachäußerungen ergeben sich die folgenden Stufen des reproduktiven Sprechens:

1. Stufe	Mitsprechen	Wörter, später (kurze) Sätze im Chor oder in kleinen Gruppen mitsprechen
2. Stufe	Nachsprechen	Wörter, später (kurze) Sätze gemeinsam und danach einzeln nachsprechen
3. Stufe	Sprechen auf Impulse	Wörter, später (kurze) Sätze und danach kurze Texte auf (z.B. bildliche) Impulse hin sprechen

Eine besondere Hilfe zur Aneignung des englischen Satzrhythmus sind Reime, *Chants* und Lieder. Während bei Reimen und *Chants* die Sprache stark rhythmisiert wird, erfolgt bei Liedern die rhythmische Gestaltung durch den Takt der Melodie. Durch Reime, *Chants* und Lieder werden rhythmische Muster besonders intensiv eingeprägt und behalten. Hierfür ergeben sich die folgenden Stufen:

1. Stufe	Mitsprechen / Mitsingen	Reime, *Chants* und Lieder
2. Stufe	Nachsprechen / Nachsingen	Reime, *Chants* und Lieder
3. Stufe	Frei sprechen / Frei singen	Reime, *Chants* und Lieder

Produktives Sprechen

Das produktive Sprechen führt vom gelenkten Sprechen zum freien Sprechen. Die letzte Stufe des reproduktiven Sprechens, das impulsgesteuerte Sprechen, ist der Anknüpfungspunkt für den Übergang zum produktiven Sprechen.

Beim gelenkten Sprechen mit Hilfe von Bildvorgaben oder Fragen besteht die Sprechleistung der Lernenden zunächst aus Einzelwörtern (z.B. *yes, no*), dann aus Verbindungen mehrerer Wörter (z.B. *a red car*) bei der Reaktion auf eine entsprechende Bildkarte, schließlich aus Sätzen (z.B. *I like chicken and chips.*). Zum gelenkten Sprechen gehört auch das Benennen von Handlungen und kurzen Handlungsabläufen (z.B. *I get up at seven o'clock, then I have breakfast.*).

Das freie Sprechen besteht aus kurzen Dialogen oder kleinen Erzählungen. So ergeben sich die folgenden Stufen:

1. Stufe	**Gelenktes Sprechen** Sprechen auf Impulse	Wörter, später Sätze, danach kurze Texte (z.B. nach Bildern, nach Bildserien, nach gehörten Texten) sprechen
2. Stufe	**Freies Sprechen** Kurzdialoge	A: *I'm Peter. What's your name?* B: *I'm Anne. Nice to meet you.*
3. Stufe	**Freies Sprechen** Darstellung eines Sachverhalts, Erzählen einer kleinen Geschichte	*There is a bed in my room. My teddy is on my bed. His name is Billy.*

Die Rolle des Schriftbildes

Es gilt uneingeschränkt der Vorrang des Mündlichen. Dies darf jedoch nicht zu einem völligen Ausschluss des Schriftbildes führen. Die Nichtberücksichtigung des Schriftbildes ist eine bedeutsame Ursache für unzureichende Lernergebnisse, Überforderung lernschwacher Kinder und Demotivierung der Lernenden.

Für den Ausschluss des Schriftbildes werden meist folgende Gründe genannt:
– Kinder in der dritten und vierten Klassenstufe sollen die Sprache wie Kleinkinder im Alter von zwei bis drei Jahren lernen.
– Die Nichtberücksichtigung des Schriftbildes soll Interferenzen verhindern
   a) bei der Aussprache und Schreibung des Englischen und
   b) beim Schreiben von Wörtern der Muttersprache.

Ein ergebnisorientierter Englischunterricht, der auch die langsamer Lernenden berücksichtigt, und methodische Vielfalt anstrebt, kann nicht auf das Schriftbild verzichten. Die Einwände gegen den Einsatz des Schriftbildes sind unzutreffend, denn:
– Die Lernenden befinden sich in einem Reife- und Entwicklungszustand, der sie deutlich von zwei- bis dreijährigen Kleinkindern unterscheidet, deren durchschnittliche Satzlänge aus zwei bis drei Wörtern besteht.
– Die Lernenden kennen Unterschiede zwischen Schreibung und Aussprache bereits aus dem Deutschen. Auch die deutsche Rechtschreibung weicht in vielen Punkten von der Aussprache ab.
– Die Acht- oder Neunjährigen haben im Gegensatz zu zweijährigen Kindern das Schriftbild ihrer Muttersprache am Beginn der Schulzeit kennen gelernt. Sie haben erfahren, welche enormen Hilfen das Schriftbild für das Merken und Festhalten, für die Weitergabe von Informationen, für die Orientierung in der Welt und die eigenständige Aneignung von Wissen zur Verfügung stellt. Es ist für die Ler-

nenden völlig uneinsichtig, dass sie auf diese wichtige Hilfe im Englischunterricht verzichten sollen.
- Die Kinder sind in ihrem täglichen Leben von einer Vielzahl englischsprachiger Schriftbilder umgeben, z.B. *T-shirt, jeans, mountain bike, ice cream, skateboard.* Ein Unterricht, der dies nicht zur Kenntnis nähme, wäre völlig lebensfremd.
- Das Schriftbild stellt unverzichtbare Verständnishilfen zur Verfügung, die in der gesprochenen Sprache nicht vorhanden sind, z.B. bei der Unterscheidung gleichlautender Formen wie *you're* vs. *your, they're* vs. *their, it's* vs. *its* etc. Diese Hilfen sind lern- und einsichtsfördernd und kommen besonders den langsamer Lernenden zugute.[1]
- Untersuchungen haben gezeigt, dass die Lernenden im Englischunterricht der Klassenstufen 3 und 4 ausdrücklich das Schriftbild verlangen.[2]
- Wird das Schriftbild völlig ausgeklammert, machen sich die Lernenden erfahrungsgemäß eigene Notizen von englischen Wörtern und Wendungen. Es sind diese verzerrten Schriftbilder, die zu erheblichen Interferenzen führen.
- Bei Benutzung des Schriftbildes ist ein Unterricht möglich, der einen häufigen Wechsel der Fertigkeiten, Medien und Methoden ermöglicht. Für die Lernenden bedeutet dieser Wechsel eine erhebliche Lernerleichterung. Er dient gleichzeitig der Aufrechterhaltung des Interesses der Lernenden am Unterricht, kommt den Schülerbedürfnissen nach visueller Unterstützung entgegen und sichert eine hohe Motivation im Unterricht.

Für einen erfolgreichen und anregenden Englischunterricht der Klassenstufen 3 und 4 ist eine altersentsprechend sorgfältig abgestufte Einführung des Schriftbildes hilfreich, lernfördernd und in hohem Maße motivationserhaltend. Allerdings muss vor jedem Einsatz des Schriftbildes das Hörverstehen und Sprechen der behandelten Sprachelemente vollständig gesichert sein.

Lesen und Verstehen

Voraussetzung für die Einführung des Schriftbildes ist ein sicheres Hörverstehen und Sprechen der neuen Sprachelemente.

Das Lesen und Verstehen von Schriftbildern muss behutsam und in sorgfältiger Abstufung erfolgen. Umfangreiche Schriftbilder stehen

---
1 Vgl. auch Mertens (2002).
2 Kahl/Knebler (1996:40 f.).

ganz am Ende des Leseprozesses. So ergeben sich die folgenden Stufen:

1. Stufe	Wortkarten (Einzelwort) still lesen, den Wortkarten Bildkarten zuordnen
2. Stufe	Wortkarten (Einzelwort) laut vorlesen
3. Stufe	Wortkarten zu (kurzen) Sätzen zusammenfügen
4. Stufe	Einen (kurzen) Satz still lesen, den Satz einem Bild zuordnen
5. Stufe	Einen (kurzen) Satz laut vorlesen
6. Stufe	(Kurze) Sätze still lesen und zu einem kurzen Text zusammenfügen
7. Stufe	Einen kurzen Text laut lesen

Schreiben

Erst wenn das Leseverstehen gesichert ist, kann mit dem Schreiben begonnen werden. Das Schreiben gliedert sich in reproduktives Schreiben und produktives Schreiben.

Reproduktives Schreiben

Reproduktives Schreiben setzt ein Schriftbild oder ein Lautbild voraus. Innerhalb der einzelnen Stufen des reproduktiven Schreibens muss die Länge der Sprachäußerungen sorgfältig abgestuft werden. So ergeben sich die folgenden Stufen:

1. Stufe	**Abschreiben**	Einzelwort, (kurzen) Satz, (kurzen) Text
2. Stufe	**Nach Diktat schreiben**	Einzelwort, (kurzen) Satz, (kurzen) Text

Das reproduktive Schreiben macht den Schwerpunkt des Englischunterrichts in den Klassenstufen 3 und 4 aus.

Produktives Schreiben

Produktives Schreiben kann sich auf visuelle Impulse (z.B. ein Bild, eine Bildfolge) stützen. Eine anspruchsvollere Form des produktiven Schreibens besteht in der Wiedergabe von Handlungsabläufen oder Beschreibungen, die zuvor mündlich erarbeitet wurden. So ergeben sich die folgenden Stufen:

1. Stufe	**Nach Vorgabe schreiben**	Einzelwort, (kurzen) Satz, (kurzen) Text
2. Stufe	**Selbstständig schreiben**	Einzelwort, (kurzen) Satz, (kurzen) Text

Die zweite Stufe des produktiven Schreibens kann frühestens am Ende der Klassenstufe 4 beginnen.

10 Sprachbestände

Der Erwerb des Englischen als Fremdsprache stützt sich auf neu zu erlernende Sprachelemente. Diese Bausteine der Sprache bilden das Fundament für jede nachfolgende Erweiterung der Sprachfähigkeit. Für das Sprachenlernen haben diese Bausteine dieselbe Bedeutung wie Baumaterialien für die Errichtung des Fundaments eines Gebäudes. Die Nennung und Beschreibung dieser sprachlichen Bausteine ist für einen ergebnisorientierten Unterricht unverzichtbar.

Bausteine der Sprache

Eine Sprache hat die folgenden Komponenten:
- Aussprache- und Intonationsmuster, die sich von Sprache zu Sprache deutlich unterscheiden
- einen Wortschatz, der die Lebenswelt und die in ihr stattfindenden Geschehnisse bezeichnet (z.B. *mother, to like*)
- eine grammatische Komponente, die die Veränderungen der Wörter (z.B. *mother vs. mothers*) regelt und ihre Beziehungen zueinander bestimmt (z.B. *I like coffee* nicht aber *I coffee like* oder *Coffee like I*)
- einen Bestand an Sprachfunktionen zum Ausdruck von Mitteilungsabsichten (z.B. Zustimmung, Ablehnung), die durch bestimmte Redemittel (z.B. *Yes; You're right; That's correct* für Zustimmung; *No; You're not right; That's not correct* für Ablehnung) realisiert werden.

Bei jeder Äußerung in der neuen Sprache sind alle diese Komponenten gleichzeitig beteiligt. Sie können nicht separat voneinander erlernt werden. Wenn jemand sagt *I like this song*, drückt er die Sprachfunktion „Vorlieben äußern" aus, indem er vier englische Wörter in der durch die Grammatik bestimmten Reihenfolge *subject – verb – object* verwendet. Gleichzeitig spricht er Laute aus, die in der Muttersprache nicht vorhanden sind (z.B. [ð] in *this*) und verwendet zum Ausdruck der Aussage eine fallende Intonation.

Das Lernen der Sprachkomponenten

Sprachfunktionen sind in der Regel nicht neu zu lernen. Den Kindern ist aus ihrer Muttersprache bekannt, dass man Zustimmung und Ableh-

Sprachbestände 49

nung äußern kann, dass man Bitten und Aufforderungen aussprechen kann und dass man sich begrüßen und verabschieden kann.

Das Neue besteht darin, die Redemittel für diese Sprachfunktionen zu erlernen. Diese Redemittel enthalten neu zu erlernende Wörter, die nach bisher nicht bekannten Regeln der Grammatik verändert und angeordnet werden und eine andere Aussprache haben als die Wörter und Sätze der Muttersprache.

Die Frage der Progression

Jeder strukturierte Unterricht schreitet vom Bekannten zum Unbekannten vor und behandelt das Grundlegende vor dem darauf Aufbauenden. Im Fremdsprachenunterricht wird diese Vorgehensweise als Progression bezeichnet.

Progression bei der Aussprache und Intonation

Anders als beim Wortschatz und der Grammatik stößt die Festlegung einer Progression beim Erlernen der Aussprache und Intonation auf Schwierigkeiten. So ist es beispielsweise nicht möglich, den Erwerb von [ð] und [θ] so lange hinauszuschieben, bis andere Laute sicher erworben sind. Dies würde zu völlig unnatürlichen Sprachäußerungen führen und ausschließen, dass elementare Äußerungen wie *Thanks* oder *This is Peter* zu einem frühen Zeitpunkt verwendet werden können.

Die neu zu erlernenden Aussprache- und Intonationsmuster müssen bei ihrem jeweils ersten Auftreten klar präsentiert werden. Die Einübung der richtigen Aussprache und Intonation erfordert einen nicht unbeträchtlichen Zeitaufwand. Die notwendigen Schwerpunktsetzungen bei der Behandlung der Laute ergeben sich aus den Unterschieden zwischen dem englischen und dem deutschen Lautsystem und der Berücksichtigung der Schwierigkeiten beim Lernen einzelner Laute. Diese Merkmale werden in Kapitel 11 „Aussprache und Intonation" gezielt benannt und bilden die Grundlage für das Vorgehen im Unterricht.

Die Progression des Wortschatzes

Die Vermittlung des Wortschatzes des Englischunterrichts der Klassenstufen 3 und 4 erfolgt in sorgfältig abgestufter Form. Unter den ersten Wortschatzelementen können englische Vornamen sein. Es folgt die Benennung von Gegenständen, Eigenschaften und Aktivitäten in der unmittelbaren Umgebung der Lernenden. Später wird der Wortschatz auf die weitere Umgebung und Lebenswelt der Kinder bezogen. Auf jeder Stufe der Wortschatzerweiterung wird der zuvor erlernte Wortschatz als Ausgangspunkt verwendet und dadurch im Sinne eines spiralförmigen Curriculums gleichzeitig erneut gefestigt.

Die grammatische Progression

Es gibt grundlegende grammatische Strukturen, die in sehr vielen Sprachäußerungen anzutreffen sind (z.B. die Präsensformen des Verbs BE: *I **am**, she **is*** und *you **are***). Daneben gibt es komplexere grammatische Strukturen, die sich aus den grundlegenden zusammensetzen (z.B. die Formen des *present progressive*, die aus einer Form von BE und einem Präsenspartizip bestehen: *I **am coming**, she **is playing**, they **are making*** tea).

Um die notwendige Lernerleichterung zu gewährleisten, wird das *present progressive* nie gelernt, bevor nicht die einfacheren und viel häufigeren Präsensformen von BE erworben sind. Diese Reihenfolge stimmt überein mit der Erwerbsreihenfolge derselben Strukturen bei Kindern, die Englisch als Muttersprache erlernen.[1]

Diese Art der Strukturierung eines Lehrgangs wird als grammatische oder linguistische Progression bezeichnet und stellt eine wichtige Grundlage für einen ergebnisorientierten Unterricht dar. Eine grammatische Progression schließt nicht aus, dass einzelne grammatische Strukturen bei Bedarf (z.B. in Liedern oder beim *story-telling*) auch an anderer Stelle verwendet werden können.

Progression und Sprachfunktionen

In den 70er Jahren des vergangenen Jahrhunderts wurde der Versuch unternommen, die grammatische Progression durch eine Progression nach Redemitteln für Sprachfunktionen zu ersetzen.[2] Dieser Versuch beruhte auf der Annahme, man könne Sprachfunktionen ebenso klar wie Wortschatzelemente oder grammatische Strukturen voneinander unterscheiden und auf dieser Grundlage eine Progression für den Unterricht erstellen.

Sowohl die Sprachwissenschaft[3] als auch die Fachdidaktik[4] haben den Nachweis erbracht, dass diese Annahmen unzutreffend sind. Es ist unbestreitbar, dass der Aufbau des grammatischen Systems der Mutter-

---

1 Vgl. Brown (1973:259). Das *present progressive* tritt bei muttersprachlichen Kindern zunächst ohne Hilfsverb auf und wird erst nach dem Erwerb der Formen von BE zur vollen Konstruktion erweitert.
2 Für einen Überblick über die historischen Gegebenheiten vgl. Bender (1979:77 ff.).
3 Leech (1983:154).
4 Vgl. Hüllen (1979).

sprache einer erkennbaren Progression folgt.[5] Die Spracherwerbsforschung hat jedoch keine Beweise dafür erbracht, dass englischsprachige Kinder ihre Muttersprache nach einer Progression von Redemitteln für Sprachfunktionen erwerben. Alle Versuche mit Progressionen auf der Grundlage von Redemitteln für Sprachfunktionen haben sich in der Praxis als ungeeignet erwiesen.

Eine Progression auf der Grundlage von Sprachfunktionen wird häufig als „kommunikative Progression" bezeichnet, obwohl der Nachweis für eine verbesserte Kommunikationsfähigkeit der Lernenden nie erbracht worden ist. Die fachdidaktische Forschung hat im Gegenteil nachweisen können, dass die „kommunikative Progression" keine geeignete Grundlage für einen ergebnisorientierten Unterricht darstellt, der auf wirkliche Kommunikationsfähigkeit abzielt.[6] Vielmehr muss auf der Grundlage des heutigen Wissens eine neue Abgrenzung von Grammatik und Sprachfunktionen vorgenommen werden.[7]

Grammatik vs. Sprachfunktionen

Für die Darbietung und Vermittlung einer einzigen Sprachfunktion mit den wichtigsten dazugehörigen Redemitteln benötigt man eine komplexe Menge von grammatischen Strukturen und Wortschatzelementen.

Beispiel: Die Sprachfunktion „Einen Wunsch ausdrücken" kann u.a. durch die folgenden Redemittel realisiert werden:
- *I want* [*that one*], (*please*); *I want to* [*hear from you*].
- *I'd like* [*that*], (*please*); *I'd like to* [*ask a question*], (*please*).
- *Can I* [*have some more*], (*please*)?; *Could I* [*help you*], (*please*)?
- *May I* [*see the room*], (*please*)?; *Might I* [*go to the toilet*], (*please*)?

Sprachfunktionen sind speziell, nicht übertragbar und an besondere Kontexte und Situationen gebunden. Der Lernaufwand dafür ist erheblich. Jedes Redemittel für eine Sprachfunktion ist in der Regel nur in einer speziellen Situation verwendbar. Die Übertragbarkeit auf neue Situationen ist selten gegeben.

Umgekehrt kann eine Fülle von Sprachfunktionen mit einem begrenzten grammatischen Minimum realisiert werden.

Beispiel: Allein mit der Verbform *is* können neben vielen anderen die folgenden Sprachfunktionen realisiert werden:

---

5 Vgl. u.a. Jakobson (1941) und Brown (1973).
6 Vgl. u.a. Bender (1979) und Pauels (1983).
7 Zu den folgenden Ausführungen vgl. Mindt (2002a) und Mindt (2002b).

– Eine Tatsache mitteilen:	*This **is** the bedroom.*
– Eine Frage stellen:	*Where **is** my box?*
– Eine Frage beantworten:	*Yes, she **is**.*
– Zustimmung ausdrücken:	*That**'s** right.*
– Ablehnung ausdrücken:	*That**'s** not right.*

Grammatik ist allgemein, übertragbar und produktiv und bildet das Fundament für eigenständigen, schöpferischen Sprachgebrauch. Der Ertrag des Lernens grammatischer Strukturen ist hoch bei vergleichsweise geringem Lernaufwand. Für das Verhältnis von Grammatik zu Sprachfunktionen gilt:

- Die grammatische Progression sichert den Aufbau einer ausbaufähigen sprachlichen Kompetenz der Lernenden. Die Grammatik erweitert die Ausdrucksfähigkeit durch die Übertragung der gleichen grammatischen Struktur auf eine Vielzahl neuer Themenbereiche und auf abgewandelte Kommunikationssituationen. Sie ist die unverzichtbare Grundlage für sprachliche Kreativität.
- Das Lernen von Redemitteln für Sprachfunktionen stellt ein Repertoire für die Bewältigung von wiederkehrenden Sprachsituationen mit gleichem Inhalt und Charakter zur Verfügung. Die Beherrschung von Redemitteln für Sprachfunktionen sichert die spontane Reaktion in standardisierten Gesprächsabläufen.

Beide Komponenten sind erforderlich, um die Lernenden zu der angestrebten Kommunikationsfähigkeit zu führen.

Ist Grammatiklernen schwierig?

Vorbehalte gegen das Erlernen von Grammatik sind berechtigt, wenn man Grammatiklernen mit dem Lernen von Regeln gleichsetzt, die abstrakte Formulierungen enthalten und ein umfangreiches grammatisches Begriffssystem verwenden. Auf diese Weise wird lediglich Sprach**wissen** erworben.

Ziel des Englischunterrichts in den Klassenstufen 3 und 4 ist dagegen der Aufbau eines elementaren Sprach**könnens**. Grammatiklernen unter diesem Gesichtspunkt bedeutet den Aufbau eines unbewussten Regelsystems. Wichtige Hilfen dafür sind: eine sorgfältig strukturierte Präsentation von grammatischen Strukturen, die Verwendung der Signalgrammatik, ein weitgehender Verzicht auf abstrakte grammatische Begriffe und ein ausgefeiltes System von Übungsformen. Auf diese Weise kann in den Lernenden ein weitgehend unbewusstes Strukturgerüst einer Sprache mit modernen Methoden effizient und kindgerecht aufgebaut werden.

Sprachbestände 53

Die häufig beobachtbare Ablehnung der Grammatik stützt sich auch auf die unzutreffende Annahme, Lernende der Klassenstufen 3 und 4 könnten kein grammatisches Wissen verarbeiten. Schon Kleinkinder können dies und verfügen über unbewusste Regeln. Deutsche Kinder machen Äußerungen wie *ich habe **gedenkt*** statt *ich habe **gedacht***. Dabei stützen sie sich auf eine selbst abgeleitete, aber noch unkorrekte Regel für die Bildung des Mittelworts der Vergangenheit. Das englische Kind, das *they **comed*** statt *they **came*** sagt, verfügt über eine eigene Regel zur Bildung von Vergangenheitsformen, die allerdings noch weiter differenziert werden muss.[8]

Drittklässler haben diese Phasen des Spracherwerbs der Muttersprache längst durchlaufen. Sie sind zu noch komplexeren Leistungen fähig. Der Deutschunterricht der Grundschule nimmt dies zur Kenntnis, indem er auf erste Einsichten in Bau und Funktion der deutschen Sprache zielt. Im Deutschunterricht soll nachgedacht werden über grammatische Mittel sowie über deren Funktion und Wirkung.[9] Hier ergeben sich wichtige Berührungspunkte zwischen den Lernbereichen Deutsch und Englisch, die gezielt genutzt werden können.

Die Auswahl der sprachlichen Bausteine

Da es sich um den Erwerb einer elementaren Kommunikationsfähigkeit handelt, sind an die Auswahl der Sprachbestände besondere Anforderungen zu stellen. Die Auswahl muss sich auf wissenschaftliche Grundlagen stützen.

Die Nennung und Differenzierung der **Aussprache- und Intonationsmuster** stützt sich auf die diesbezüglichen sprachwissenschaftlichen und fachdidaktischen Grundlagen.[10]

Die Auswahl des zu erlernenden **Wortschatzes** wurde auf der Grundlage einer Analyse der Sprache englischer Kinder im Alter von 6 bis 12 Jahren[11] unter gleichzeitiger Berücksichtigung des Wortschatzes Erwachsener vorgenommen.[12]

Die Auswahl der Elemente der **Grammatik** wurde ebenfalls auf der Grundlage einer Analyse der Sprache englischer Kinder im Alter von 6

---

8 Szagun (2000:66 ff.).
9 Bartnitzky (2000:223).
10 Vgl. Arnold/Hansen (1992) und Roach (1993).
11 Hierzu wurde das *POW Corpus*, vgl. Fawcett/Perkins (1980) und Souter (1989) herangezogen.
12 Vgl. Grabowski (1998) für den Wortschatz der Korpora *LOB* und *BROWN* sowie Leech/Rayson/Wilson (2001) für den Wortschatz des *BNC*.

bis 12 Jahren erstellt.[13] Hierbei handelt es sich um das unverzichtbare Minimum, das die Basis jeder elementaren Kommunikation umfasst.

Die Auswahl der **Sprachfunktionen** und Redemittel erfolgte auf der Grundlage empirischer Untersuchungen der englischen Kindersprache.[14] Zusätzlich wurden einschlägige Listen der Fachliteratur[15] und die Materialien des Europarats[16] berücksichtigt.

---

13 *POW Corpus*, vgl. Fawcett/Perkins (1980) und Souter (1989).
14 *POW Corpus*, ebda.
15 Vgl. Siebold (1989) und speziell für den Englischunterricht in der Grundschule Rück (1995).
16 Van Ek/Trim (1991a), van Ek/Trim (1991b), Council of Europe (2001).

11 Aussprache und Intonation

Die Hinführung zu einer guten Aussprache und Intonation ist eine der wichtigsten Aufgaben am Beginn des Englischunterrichts. Falsche Aussprachegewohnheiten, die sich im frühen Kindesalter eingeschliffen haben, können später nur schwer und mit einem unvertretbar hohen Aufwand verbessert werden.

Die Lehrkraft ist das wichtigste Sprachvorbild für die Lernenden. Lehrkräfte für den Englischunterricht der Klassenstufen 3 und 4 müssen daher über eine hohe Kompetenz in der Aussprache und Intonation verfügen. Hinzu kommt ein Grundwissen über elementare Gegebenheiten der englischen Aussprache und Intonation (z.B. um angemessene Hilfen bei der Lautbildung geben zu können).

Medien

Das Sprachvorbild der Lehrkraft soll, wo immer möglich, durch auditive Medien (z.B. CDs, Tonkassetten), audiovisuelle Medien (z.B. Videos) oder interaktive Medien (Computer) ergänzt werden. Der häufige und variierte Einsatz von Medien verhindert, dass die Kinder sich ausschließlich am Sprachvorbild der Lehrkraft orientieren. Medien tragen dazu bei, dass Sprecher mit unterschiedlicher Sprechgeschwindigkeit und Stimmfärbung (Frauen, Männer, Kinder) erkannt und richtig verstanden werden.

Medien können auch geographische Varianten der englischen Aussprache (z.B. britisches Englisch, amerikanisches Englisch) in den Klassenraum bringen. Durch die abgestufte Einführung von Neben- und Hintergrundgeräuschen lernen Kinder die Sprache allmählich auch unter erschwerten Bedingungen zu verstehen.

Schwerpunkte

Die Schwerpunkte der Ausspracheschulung sollten dort liegen, wo das englische Lautsystem sich vom deutschen Lautsystem unterscheidet. Ohne eine sichere Beherrschung dieser Unterschiede werden die Lernenden Verständigungsprobleme beim Kontakt mit muttersprachlichen Sprechern des Englischen haben.

Daneben gibt es eine Reihe von Bereichen der Aussprache, die zwar nicht die Verständlichkeit betreffen, deren unzureichende Beherrschung jedoch bei muttersprachlichen Sprechern zu emotionalen Vorbehalten und Ablehnungen führen kann. Nicht alle Kinder können zur vollständigen Sicherheit in diesem Bereich geführt werden. Die Nachahmungsfähigkeit und Nachahmungsbereitschaft der Kinder dieses Lebensalters kann aber auch hier zu beachtlichen Ergebnissen führen. Eine gute Aussprache auch in diesem Bereich sollte für möglichst viele Kinder das Ziel des Unterrichts sein.

Lautliche Besonderheiten, die die Verständlichkeit beeinträchtigen

Bei den **Konsonanten** handelt es sich um drei Besonderheiten:
- die englischen Reibelaute [ð] und [θ][1]
- die Stimmhaftigkeit der englischen Konsonanten am Wortende
- das im Deutschen nicht vorhandene [dʒ].

Bei den **Halbvokalen** handelt es sich um das englische [w].
Bei den **Vokalen** handelt es sich um das englische [æ].

1. Konsonanten: Die englischen Reibelaute [ð] und [θ]

Die Laute [ð] und [θ] (geschrieben *th*) existieren im Deutschen nicht und sind neu zu erlernen. Die Zungenspitze liegt hinter den oberen Vorderzähnen. Die Vorderzunge ist zwischen den leicht geöffneten Lippen sichtbar. Durch die Enge zwischen der Zunge und den Zähnen fließt ein Luftstrom, der das charakteristische Lautbild erzeugt.

Dabei ist [ð] die stimmhafte Variante. Die Stimmhaftigkeit entsteht durch das Schwingen der Stimmbänder (Stimmlippen) im Kehlkopf. Die Kinder können dieses Schwingen erfühlen, indem sie beim Sprechen den Daumen und Zeigefinger an den Kehlkopf legen. Bei [ð] und allen stimmhaften Lauten (z.B. Vokalen) spüren sie eine Vibration, die von den Stimmbändern ausgelöst wird.

Der Laut [ð] tritt auf in Wörtern wie *the, that, they, other, smooth*.

Der Laut [ð] wird von deutschen Kindern oft durch [z] ersetzt. Bei dieser Ersetzung entstehen später Verständigungsprobleme. Nicht alle folgenden Wortpaare spielen im Unterricht der Klassenstufen 3 und 4 eine Rolle. Die dabei auftretenden Aussprachegegensätze müssen aber schon früh erlernt und beherrscht werden, um die Sicherheit für das spätere Lernen zu gewährleisten.

---

[1] Die phonetische Umschrift orientiert sich an Wells (2000).

Aussprache und Intonation

Das Wort *clothe* [kləʊð] darf nicht zu *close* [kləʊz] werden.
Das Wort *breathe* [briːð] darf nicht zu *breeze* [briːz] werden.

Der Laut [θ] ist die stimmlose Variante. Die Stimmbänder schwingen nicht. Die Kinder fühlen keine Vibration am Kehlkopf.

Der Laut [θ] tritt auf in Wörtern wie *three, thank, nothing, birthday, month*.

Der Laut [θ] wird von deutschen Kindern oft durch [s] ersetzt. Bei dieser Ersetzung entstehen Verständigungsprobleme.

Das Wort *mouth* [maʊθ] darf nicht zu *mouse* [maʊs] werden.
Das Wort *thing* [θɪŋ] darf nicht zu *sing* [sɪŋ] werden.

2. Konsonanten: Stimmhaftigkeit der Konsonanten am Ende des Wortes

Wenn ein stimmhafter Konsonant im Deutschen am Ende eines Wortes auftritt, verliert er seine Stimmhaftigkeit. Dieser Verlust der Stimmhaftigkeit wird als Auslautverhärtung bezeichnet. So entstehen trotz gleicher Schreibung im Deutschen Wortpaare wie:

lieben	[b]	lieb	[p]
Hunde	[d]	Hund	[t]
Tage	[g]	Tag	[k]
Naivität	[v]	naiv	[f]
lesen	[z]	las	[s]

Im Englischen bleibt die Stimmhaftigkeit am Wortende auch in der Aussprache erhalten:

Bob [b], *feed* [d], *dog* [g], *have* [v], *has* [z].

Mehr noch: Der Unterschied zwischen stimmhaft und stimmlos bewirkt auch einen Unterschied der Bedeutung. Dies gilt für die folgenden Unterscheidungen:

[b] vs. [p], [d] vs. [t], [g] vs. [k], [v] vs. [f], [z] vs. [s].

Beispiele:

Der Konsonant [b] **im Unterschied zu** [p]:
Das Wort *cab* [kæb] darf nicht zu *cap* [kæp] werden.
Das Wort *mob* [mɒb] darf nicht zu *mop* [mɒp] werden.
Das Wort *lab* [læb] darf nicht zu *lap* [læp] werden.

Der Konsonant	[d]	im Unterschied zu	[t]:	
Das Wort *bed*	[bed]	darf nicht zu *bet*	[bet]	werden.
Das Wort *mad*	[mæd]	darf nicht zu *mat*	[mæt]	werden.
Das Wort *led*	[led]	darf nicht zu *let*	[let]	werden.
Der Konsonant	[g]	im Unterschied zu	[k]:	
Das Wort *bag*	[bæg]	darf nicht zu *back*	[bæk]	werden.
Das Wort *dog*	[dɒg]	darf nicht zu *dock*	[dɒk]	werden.
Das Wort *pig*	[pɪg]	darf nicht zu *pick*	[pɪk]	werden.
Der Konsonant	[v]	im Unterschied zu	[f]:	
Das Wort *save*	[seɪv]	darf nicht zu *safe*	[seɪf]	werden.
Das Wort *leave*	[liːv]	darf nicht zu *leaf*	[liːf]	werden.
Das Wort *believe*	[bɪˈliːv]	darf nicht zu *belief*	[bɪˈliːf]	werden.
Der Konsonant	[z]	im Unterschied zu	[s]:	
Das Wort *his*	[hɪz]	darf nicht zu *hiss*	[hɪs]	werden.
Das Wort *plays*	[pleɪz]	darf nicht zu *place*	[pleɪs]	werden.
Das Wort *raise*	[reɪz]	darf nicht zu *race*	[reɪs]	werden.

Die stimmhafte Aussprache der Konsonanten am Wortende kann dadurch unterstützt werden, dass der vorausgehende Vokal ein wenig länger gesprochen wird als vor einem stimmlosen Konsonanten.

So ist das	[æ]	in *cab*	ein wenig länger als das	[æ]	in *cap*,
das	[e]	in *bed*	ist länger als das	[e]	in *bet*,
das	[ɒ]	in *dog*	ist länger als das	[ɒ]	in *dock*,
das	[iː]	in *believe*	ist länger als das	[iː]	in *belief*,
das	[ɪ]	in *his*	ist länger als das	[ɪ]	in *hiss*.

3. Konsonanten: Das englische [dʒ]

Im Hochdeutschen existiert der Laut [dʒ] für deutsche Wörter nicht. Der Laut [dʒ] tritt nur in seltenen Lehnwörtern wie *Dschungel, Adagio* auf. Die stimmlose Variante [tʃ] dieses Lautes ist jedoch im Deutschen vorhanden (*deutsch, klatschen, Dolmetscher, Kutsche*).

Im Englischen steht [dʒ] in bedeutungsunterscheidendem Kontrast zu [tʃ], was im Deutschen nicht der Fall ist. Deshalb ist [dʒ] nicht nur neu zu erlernen, sondern auch im bedeutungsunterscheidenden Kontrast dem Laut [tʃ] gegenüberzustellen.

Aussprache und Intonation

Das Wort *jeep*	[dʒiːp]	darf nicht zu *cheap*	[tʃiːp]	werden.
Das Wort *gin*	[dʒɪn]	darf nicht zu *chin*	[tʃɪn]	werden.

4. Der englische Halbvokal [w]

Das englische [w] ist ein Halbvokal, der mit Beteiligung der Lippen gebildet wird. Er existiert im Deutschen nicht. Die Lippenstellung geht vom [uː] aus, welches mit gerundeten Lippen gebildet wird. Zur Bildung von [w] werden die Lippen nach außen gezogen. Dabei fließt ein Luftstrom durch die Enge, die von den Lippen gebildet wird. Die Stimmbänder schwingen mit.

Der Laut [w] tritt auf in Wörtern wie *we, with, what, want, window, away*.

Deutsche Sprecher neigen dazu, [w] durch [v] zu ersetzen. Dies wird auch durch die Schreibung des Deutschen nahegelegt (*Waage, Vase*). Diese deutsche Sprachgewohnheit verletzt den Bedeutungsunterschied, der im Englischen durch den Austausch von [w] und [v] entsteht.

Das Wort	*west*	[west]	(Himmelsrichtung)
darf nicht zu	*vest*	[vest]	(Kleidungsstück) werden.
Das Wort	*wine*	[waɪn]	(‚Wein' als Getränk)
darf nicht zu	*vine*	[vaɪn]	(‚Wein' als Pflanze) werden.
Das Wort	*wet*	[wet]	(Adjektiv)
darf nicht zu	*vet*	[vet]	(Nomen: britisches Englisch für *veterinarian*; amerikanisches Englisch für *veteran*) werden.

5. Der englische Vokal [æ]

Das englische [æ] hat im Deutschen keine Entsprechung. Die deutsche Standardsprache unterscheidet zwischen

[eː] in *sehe*   [ɛː] in *sähe*   [aː] in *sahen*.

Im Norddeutschen wird der Unterschied zwischen [eː] in *sehe* und [ɛː] in *sähe* zu [eː] eingeebnet. So ergibt sich im Norddeutschen

[eː] in *sehe, sähe*   [aː] in *sahen*.

Das englische System kennt weder [eː] noch [aː]. Es verfügt stattdessen über [e] und [æ] und macht eine klare Unterscheidung zwischen beiden.

        [e] in *bed*   [æ] in *man*

Das englische [æ] liegt in seiner Artikulation deutlich näher am deutschen [aː] als am deutschen [ɛ] oder [ɛː]. Daher ist das englische [æ] auch für nicht-norddeutsche Sprecher schwierig.

Bei der Artikulation von [æ] liegt die Vorderzunge tief, der Mund ist weit geöffnet. Das [æ] darf nicht durch [e] ersetzt werden, weil sonst ein wichtiger Bedeutungsunterschied des Englischen aufgehoben wird.

Das Wort *bad*   [bæd]   darf nicht zu *bed*   [bed]   werden.
Das Wort *man*   [mæn]   darf nicht zu *men*   [men]   werden.
Das Wort *pan*   [pæn]   darf nicht zu *pen*   [pen]   werden.

Lautliche Besonderheiten, die zu einer guten Aussprache gehören

Bei den lautlichen Besonderheiten, die keinen Bedeutungsunterschied zur Folge haben, aber charakteristisch sind, handelt es sich um das englische [r] und helles [l] vs. dunkles [ɫ].

1. Das englische [r]

Das deutsche [r] wird mit der Hinterzunge am Zäpfchen gebildet. Es unterscheidet sich in der Artikulation und im Klangbild fundamental vom englischen [r]. Die deutsche Artikulation des [r] wird im englischsprachigen Raum als typisches Beispiel für unvollkommene Sprachbeherrschung angesehen, ist emotional negativ besetzt und Ausgangspunkt für karikierende Darstellungen deutscher Sprecher.

Bei der Artikulation des englischen [r] wird die Zungenspitze rückwärts nach oben gebogen. Der Gaumen wird dabei von der Zunge nicht berührt. Die Seiten der Mittelzunge befinden sich auf der Höhe der Backenzähne, wobei die Mitte der Zunge vertieft ist. Die Hinterzunge befindet sich in der Position des [ʊ].

Für Lernende haben sich vor allem zwei Artikulationshilfen bewährt:

(a)   Ausgehen von [ʒ]. Mit Korken oder Daumen Zunge leicht nach hinten drücken, bis [r] erreicht ist.

Aussprache und Intonation

(b) Ausgehen von [d]. Die Zunge von dort nach oben biegen und zurückziehen.

Wegen der Nähe der Artikulation empfiehlt es sich, mit der Lautfolge [dr-] zu beginnen:

[dr-] *drink, drive, drop, draw, dream.*

Von dort kann übergegangen werden zu den Lautfolgen

[tr-] *tree, try, street*
[θr-] *three, through, throw*
[fr-] *from, friend, front.*

Schwieriger ist das [-r-] im Wortinnern:

[-r-] *very, around, story*

und am Beginn eines Wortes [r-]:

[r-] *red, read, room.*

2. Helles [l] vs. dunkles [ɫ]

Helles [l] wird vor Vokal oder [j] gesprochen. Vor allen anderen Lauten und vor einer Sprechpause wird das dunkle [ɫ] gesprochen.

Helles [l]:	*little*	Dunkles [ɫ]:	*little*
	lip		*pill*
	telling		*tell, tells*
	failure		*fail*

Das helle [l] des Englischen stellt kein Problem für Deutsche dar. Neu zu erlernen ist das dunkle [ɫ] sowie die Unterscheidung zwischen hellem [l] und dunklem [ɫ].

Artikulationshilfe für das dunkle [ɫ]: Die Zunge hat im vorderen Bereich dieselbe Stellung wie beim hellen [l]. Im hinteren Bereich nimmt die Zunge dieselbe Stellung wie bei der Artikulation des [ʊ] ein.

Intonation

1. Aussagesätze
Aussagesätze haben im Englischen fallende Intonation.

    ⌒   • ⌒   • • ⌒ •

Yes.   *We are.*   *I can see her.*

2. Fragesätze
Bei Fragesätzen sind zwei Gruppen zu unterscheiden:
(a)   Fragen, die mit einem Fragepronomen eingeleitet werden (z.B. *What ... ?, Where ... ?, How ...?*) und mit einem Wort, einer Wendung oder einem Satz beantwortet werden und
(b)   Ja/Nein-Fragen.

Zu (a) Fragen, die mit einem Fragepronomen eingeleitet werden, haben fallende Intonation:

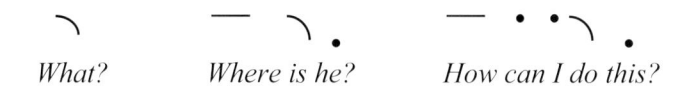

    ⌒   — ⌒ •   — • • ⌒ •

What?   *Where is he?*   *How can I do this?*

Zu (b) Ja/Nein-Fragen haben steigende Intonation:

  — • ⌣   — • — •

Is she here?   *Can you see her?*

Aussagesätze können ohne Änderung der Wortstellung mit Hilfe steigender Intonation in Ja/Nein-Fragen umgewandelt werden.

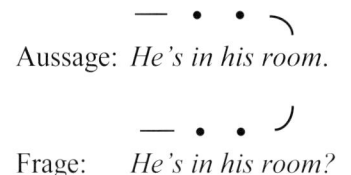

        — • • ⌒

Aussage: *He's in his room.*

        — • • ⌣

Frage: *He's in his room?*

Erklärung der Symbole: — betonte Silbe ohne Tonbewegung
                                • unbetonte Silbe
                                ⌒ betonte Silbe mit fallender Intonation
                                ⌣ betonte Silbe mit steigender Intonation

12 Wortschatz

Der Mindestwortschatz für die Klassenstufe 3 und 4 umfasst insgesamt 121 Wörter. Er gliedert sich in einen Inhaltswortschatz von 39 Wörtern und einen Funktionswortschatz von 82 Wörtern. Die Entscheidungen für die Auswahl der Wortschatzelemente erfolgten auf der Grundlage einer Analyse der Sprache englischer Kinder und Erwachsener.[1]

Der Inhaltswortschatz

Der Inhaltswortschatz umfasst drei Wortarten: Nomen (Namenwörter), Verben (Tuwörter) und Adjektive (Wiewörter). Inhaltswörter sind stark abhängig von Themen, Inhalten und Situationen.

Speziell bei den Inhaltswörtern ist zwischen Wörtern zu unterscheiden, welche die Lernenden produktiv beherrschen sollen (aktiver bzw. produktiver Wortschatz) und solchen, deren Bedeutung beim Hören oder Lesen nur erkannt werden soll (passiver bzw. rezeptiver Wortschatz). Besonders für die Inhaltswörter gilt, dass der rezeptive Wortschatz den produktiven um ein Vielfaches übertrifft.

Die im Folgenden genannten Wörter betreffen überwiegend den produktiven Wortschatz. Es handelt sich um Wörter, die weitgehend neutral von Themen, Inhalten und Situationen sind, d.h. um Wörter, die überall sehr häufig auftreten. Dieser Inhaltswortschatz hat einen sehr geringen Umfang. Aus diesem Grunde ist es für Lehrende oder Autoren von Lernmaterialien möglich, eine größere Zahl zusätzlicher Inhaltswörter frei zu wählen, die sich aus den Themen des Unterrichts und den besonderen Interessen der Lernenden ergeben.

---

1 Für die zugrunde liegenden Sprachkorpora vgl. Kapitel 10 „Sprachbestände".

Nomen

Klasse 3		Klasse 4	
prod.	rez.	prod.	rez.
man	time		thing
woman	year		people
Mr	week		
Mrs	day		
number	house		
	child		

Verben

Klasse 3		Klasse 4	
prod.	rez.	prod.	rez.
be[2]	put		think
have[3]	know		say
do[4]	look		let
get[5]	make		take
go[6]	see		tell
like	come		
play	want		

Adjektive

Klasse 3		Klasse 4	
prod.	rez.	prod.	rez.
little	new		
good	young		
big	small		
old			

Der Funktionswortschatz

Im Gesamtwortschatz einer Sprache ist der Umfang des Funktionswortschatzes wesentlich geringer als der Umfang des Inhaltswortschatzes. Anders als der Inhaltswortschatz ist der Funktionswortschatz weitgehend unabhängig von Themen, Inhalten und Situationen. Trotz seines geringen Umfangs ist der Kern des Funktionswortschatzes unabdingbar für das Verstehen und Sprechen von Sprache. Deshalb kann in den

---

2   Es handelt sich um den Gebrauch von BE als Vollverb. Beispiele: *I am late. He is tall. These are nice. It can be.*

3   Es handelt sich um den Gebrauch von HAVE als Vollverb. Beispiele: *I have a brother. She has a new bike. She can have this.*

4   Es handelt sich um den Gebrauch von DO in der Infinitivform. Beispiel: *I can do it.*

5   Es handelt sich um den Gebrauch von GET als Bestandteil der Konstruktion HAVE GOT mit der Bedeutung ‚haben', ‚besitzen'. Beispiel: *He has got a brother.*

6   Es handelt sich um den Gebrauch von GO als Vollverb und nicht um den Gebrauch als Bestandteil der Konstruktion BE GOING TO. Beispiel: *We go down to the shops.*

Wortschatz

Klassenstufen 3 und 4 auf das Erlernen dieses Kernbereichs des Funktionswortschatzes nicht verzichtet werden.

Der Funktionswortschatz umfasst 10 Wortarten mit insgesamt 82 Wörtern: Adverben, Zahlwörter, Personalpronomen (persönliche Fürwörter): Subjekt und Objekt, Possessivpronomen (besitzanzeigende Fürwörter), Fragepronomen, Interjektionen (Ausrufwörter), Präpositionen (Verhältniswörter), Konjunktionen (Bindewörter), Determinatoren (Begleiter) und einzelne Funktionswörter.

Adverben

Klasse 3		Klasse 4	
prod.	rez.	prod.	rez.
there[7]	*now*	*only*	
here	*then*		
so	*on*[8]		
very	*up*[9]		
	out[10]		
	down[11]		
	in[12]		
	off[13]		
	back[14]		

Zahlwörter

Klasse 3		Klasse 4	
prod.	rez.	prod.	rez.
one	*zero*		
two			
three			
four			
five			
six			
seven			
eight			
nine			
ten			
eleven			
twelve			
O[15]			

---

7 Dieser Gebrauch (Beispiel: *She puts it there.*) ist zu unterscheiden von dem Gebrauch als Scheinsubjekt (Beispiel: *There's a bus stop.*).
8 Oft in Verbindung mit den Verben: *come (on), hang (on), go (on)*. Dieser Gebrauch ist zu unterscheiden von *on* als Präposition: *It's on the main road. I did horse riding on Monday.*
9 Oft in Verbindung mit den Verben: *shut (up), go (up), pick (up), get (up)*.
10 Oft in Verbindung mit den Verben: *go (out), get (out), come (out)*.
11 Oft in Verbindung mit den Verben: *go (down), come (down), sit (down)*.
12 Oft in Verbindung mit den Verben: *get (in), go (in), come (in)*. Dieser Gebrauch ist zu unterscheiden von *in* als Präposition: *He's in my class. Put it in the box.*
13 Oft in Verbindung mit den Verben: *get (off), go (off), come (off)*.
14 Oft in Verbindung mit den Verben: *go (back), come (back), get (back)*.
15 Die Zahl „0" [əʊ] in Telefonnummern.

Personalpronomen
Subjekt

Klasse 3		Klasse 4	
prod.	rez.	prod.	rez.
I			
you			
he			
she			
it			
we			
you			
they			

Personalpronomen
Objekt

Klasse 3		Klasse 4	
prod.	rez.	prod.	rez.
me	*us*		
you	*them*		
him			
her			
it			
you			

Possessivpronomen

Klasse 3		Klasse 4	
prod.	rez.	prod.	rez.
my	*our*		
your	*your*		
his	*their*		
her			

Fragepronomen

Klasse 3		Klasse 4	
prod.	rez.	prod.	rez.
what	*how*		
where	*who*		
when			

Interjektionen

Klasse 3		Klasse 4	
prod.	rez.	prod.	rez.
yes			
no			

Präpositionen

Klasse 3		Klasse 4	
prod.	rez.	prod.	rez.
in	*of*	*about*	
on	*with*	*into*	
to[16]	*for*	*by*	
from	*at*		

Konjunktionen

Klasse 3		Klasse 4	
prod.	rez.	prod.	rez.
and		*but*	
		or	

Determinatoren

Klasse 3		Klasse 4	
prod.	rez.	prod.	rez.
the	*these*		
a/an	*all*		
this	*some*		
that			

---

16 Dieser Gebrauch (Beispiel: *I go to school.*) ist zu unterscheiden von dem Gebrauch als Infinitivmarkierer (Beispiel: *I want to ask him something.*).

Einzelne Funktionswörter

Klasse 3		Klasse 4	
prod.	rez.	prod.	rez.
there[17]		to[18]	
not			

---

17 Scheinsubjekt (Beispiel: *There is a chair.*).
18 Infinitivmarkierer (Beispiel: *I want to do it.*).

Wortlisten

Mindestwortschatz für die Klassenstufe 3: produktiv

Der produktive Mindestwortschatz für die Klassenstufe 3 umfasst 67 Wörter.

Inhaltswortschatz

Nomen	Verben	Adjektive
man	be	little
woman	have	good
Mr	do	big
Mrs	get	old
number	go	
	like	
	play	

Funktionswortschatz

Adverben	Personalpronomen (Subjekt)	Possessivpronomen
there	I	my
here	you	your
so	he	his
very	she	her
	it	
Zahlwörter	we	**Fragepronomen**
one	you	what
two	they	where
three		when
four		
five	**Personalpronomen (Objekt)**	**Interjektionen**
six	me	yes
seven	you	no
eight	him	
nine	her	**Präpositionen**
ten	it	in
eleven	you	on
twelve		to
O [əʊ]		from

Konjunktionen	Determinatoren	Einzelne Funktionswörter
and	the	there
	a/an	not
	this	
	that	

Mindestwortschatz für die Klassenstufe 3: rezeptiv

Der rezeptive Mindestwortschatz für die Klassenstufe 3 umfasst 43 Wörter.

Inhaltswortschatz

Nomen	**Verben**	**Adjektive**
time	*put*	*new*
year	*know*	*young*
week	*look*	*small*
day	*make*	
house	*see*	
child	*come*	
	want	

Funktionswortschatz

Adverben	**Personalpronomen** (Objekt)	**Präpositionen**
now	*us*	*of*
then	*them*	*with*
on		*for*
up		*at*
out		
down	**Possessivpronomen**	**Konjunktionen**
in	*our*	*but*
off	*your*	*or*
back	*their*	

Zahlwörter	**Fragepronomen**	**Determinatoren**
zero	*how*	*these*
	who	*all*
		some

Einzelne Funktionswörter
to

Mindestwortschatz für die Klassenstufe 4: produktiv

Der produktive Mindestwortschatz für die Klassenstufe 4 umfasst 43 Wörter. Zusammen mit dem produktiven Mindestwortschatz der Klassenstufe 3 ergeben sich 110 Wörter.

Inhaltswortschatz

Nomen	**Verben**	**Adjektive**
time	*put*	*new*
year	*know*	*young*
week	*look*	*small*
day	*make*	
house	*see*	
child	*come*	
	want	

Funktionswortschatz

Adverben	**Personalpronomen (Objekt)**	**Präpositionen**
now		*of*
then	*us*	*with*
on	*them*	*for*
up		*at*
out		
down	**Possessivpronomen**	**Konjunktionen**
in	*our*	*but*
off	*your*	*or*
back	*their*	

Zahlwörter	**Fragepronomen**	**Determinatoren**
zero	*how*	*these*
	who	*all*
		some

Einzelne Funktionswörter
to

Mindestwortschatz für die Klassenstufe 4: rezeptiv

Der rezeptive Mindestwortschatz für die Klassenstufe 4 umfasst 11 Wörter.

Inhaltswortschatz

Nomen	**Verben**
thing	*think*
people	*say*
	let
	take
	tell

Funktionswortschatz

Adverben	**Präpositionen**
only	*about*
	into
	by

Gesamter Mindestwortschatz: Alphabetische Wortliste

Wort	Wortart	Klasse 3 prod.	Klasse 3 rez.	Klasse 4 prod.	Klasse 4 rez.
a/an	Det	✓			
about	Präp				✓
all	Det			✓	
and	Konj	✓			
at	Präp			✓	
back	Adverb			✓	
be	Verb	✓			
big	Adjektiv	✓			
but	Konj			✓	
by	Präp				✓
child	Nomen			✓	
come	Verb			✓	
day	Nomen			✓	
do	Verb	✓			
down	Adverb			✓	
eight	Zahlwort	✓			
eleven	Zahlwort	✓			
five	Zahlwort	✓			
for	Präp			✓	
four	Zahlwort	✓			
from	Präp	✓			
get	Verb	✓			
go	Verb	✓			
good	Adjektiv	✓			
have	Verb	✓			
he Sub	PersPron	✓			
her Ob	PersPron	✓			
her	PossPron	✓			
here	Adverb	✓			
him Ob	PersPron	✓			
his	PossPron	✓			
house	Nomen			✓	
how	FragPro			✓	
I Sub	PersPron	✓			
in	Adverb			✓	
in	Präp	✓			
into	Präp				✓
it Sub	PersPron	✓			
it Ob	PersPron	✓			
know	Verb			✓	
let	Verb				✓
like	Verb	✓			
little	Adjektiv	✓			
look	Verb			✓	
make	Verb			✓	
man	Nomen	✓			
me Ob	PersPron	✓			
Mr	Nomen	✓			
Mrs	Nomen	✓			
my	PossPron	✓			
new	Adjektiv			✓	
number	Nomen	✓			
nine	Zahlwort	✓			
no	Interjekt	✓			
not	Funkt	✓			
now	Adverb			✓	
of	Präp			✓	
off	Adverb			✓	
old	Adjektiv	✓			
on	Präp	✓			
on	Adverb			✓	
one	Zahlwort	✓			
only	Adverb				✓
or	Konj			✓	
our	PossPron			✓	
out	Adverb			✓	
people	Nomen				✓
play	Verb	✓			
put	Verb			✓	
say	Verb				✓

Wortschatz

Wort	Wortart	Klasse 3 prod.	Klasse 3 rez.	Klasse 4 prod.	Klasse 4 rez.
see	Verb		✓		
seven	Zahlwort	✓			
she Sub	PersPron	✓			
six	Zahlwort	✓			
small	Adjektiv			✓	
so	Adverb	✓			
some	Det		✓		
take	Verb				✓
tell	Verb				✓
ten	Zahlwort	✓			
that	Det	✓			
the	Det	✓			
their	PossPron		✓		
them Ob	PersPron		✓		
then	Adverb		✓		
there	Adverb	✓			
there	Funkt	✓			
these	Det		✓		
they Sub	PersPron	✓			
thing	Nomen				✓
think	Verb				✓
this	Det	✓			
three	Zahlwort	✓			
time	Nomen			✓	
to	Präp	✓			
to	Funkt				✓

Wort	Wortart	Klasse 3 prod.	Klasse 3 rez.	Klasse 4 prod.	Klasse 4 rez.
twelve	Zahlwort	✓			
two	Zahlwort	✓			
up	Adverb			✓	
us Ob	PersPron				✓
very	Adverb	✓			
want	Verb				✓
we Sub	PersPron	✓			
week	Nomen			✓	
what	FragPro	✓			
when	FragPro	✓			
where	FragPro	✓			
who	FragPro				✓
with	Präp				✓
woman	Nomen	✓			
year	Nomen			✓	
yes	Interjekt	✓			
you SubSg	PersPron	✓			
you SubPl	PersPron	✓			
you ObSg	PersPron	✓			
you ObPl	PersPron	✓			
young	Adjektiv			✓	
your Sg	PossPron	✓			
your Pl	PossPron				✓
zero	Zahlwort			✓	
O [əʊ]	Zahlwort	✓			

Abkürzungsverzeichnis:

Det	Determinator	PersPron	Personalpronomen (Subjekt und Objekt)
FragPro	Fragepronomen		
Funkt	Einzelnes Funktionswort	Pl	Plural
		PossPron	Possessivpronomen
Interjekt	Interjektion	Präp	Präposition
Konj	Konjunktion	Sg	Singular
Ob	Objekt	Sub	Subjekt
ObPl	Objekt Plural	SubPl	Subjekt Plural
ObSg	Objekt Singular	SubSg	Subjekt Singular

13 Grammatik

Die Grammatik für die Klassenstufen 3 und 4 gliedert sich in vier Bereiche: 1. Nomen, 2. Verben, 3. Verneinungen und 4. Fragen. Alle vier Bereiche sind für die elementare Kommunikation unerlässlich. Die Entscheidungen für die Auswahl der Grammatik erfolgten auf der Grundlage einer Analyse der Sprache englischer Kinder und Erwachsener.[1]

Der größte Lernumfang liegt im Bereich der Verben (Formen von elementaren Einzelverben, –s der dritten Person Singular, Imperative, Präteritum, Modalverben). Die verbalen Strukturen eröffnen den Zugang zu einer großen Fülle von Sprachfunktionen. Das Gleiche gilt für Verneinungen und Fragen.

Für alle Bereiche der Grammatik muss zwischen rezeptiver Grammatik (eine grammatische Struktur wird erkannt und in ihrer Bedeutung erfasst) und produktiver Grammatik (eine grammatische Struktur kann von den Lernenden aktiv verwendet werden) unterschieden werden.

Die produktive Verwendung von grammatischen Strukturen kann nicht zu einem frühen Zeitpunkt erwartet werden. Zuvor müssen die neuen Strukturen den Lernenden in unterschiedlichen Situationen wiederholt begegnet sein. Auf diese Weise kann erreicht werden, dass die Kinder die Bedeutung dieser Strukturen sicher erkannt haben. Erst danach kann zur eigenen Verwendung übergegangen werden.

Einzelne grammatische Gebiete werden zu keinem Zeitpunkt in ihrem vollen Umfang eingeführt, geübt und angewandt. Vielmehr erfolgt eine gestufte Einführung mit allmählicher Erweiterung. Beispiel: Vom Verb BE werden zunächst nur die Formen *am, is* und *are* eingeführt. Danach erfolgt die Vermittlung der Infinitivform *be*. Erst deutlich später werden die Vergangenheitsformen *was* und *were* behandelt.

Wie beim Wortschatz gilt auch bei der Grammatik eine spiralförmige Vorgehensweise. Bekannte Formen werden vor Einführung neuer Formen als Ausgangsbasis benutzt und dabei erneut eingeübt und angewandt. So bieten die Übungen und Anwendungen vorhandener Fertigkeiten und Kenntnisse wiederkehrende Grundlagen für jeden Schritt der Erweiterung des Sprachsystems.

---

1 Für die zugrunde liegenden Sprachkorpora vgl. Kapitel 10 „Sprachbestände".

1. Nomen (Namenwörter)

Nomen unterscheiden sich nach Singular (Einzahl) und Plural (Mehrzahl). Die englischen Pluralformen gliedern sich in zwei Gruppen: Regelmäßige Plurale und unregelmäßige Plurale.

Nomen: Regelmäßige Plurale

Regelmäßige Plurale werden in der Schrift durch Anhängen von –s gebildet. In der Aussprache gibt es drei Gruppen.

			Klasse 3		Klasse 4	
			prod.	rez.	prod.	rez.
1. Plurale mit stimmhaftem [-z] (nach Vokal oder stimmhaftem Konsonanten)	boys dogs	[bɔɪz] [dɒgz]	✓			
2. Plurale mit stimmlosem [-s] (nach stimmlosem Konsonanten)	cats	[kæts]	✓			
3. Plurale mit [-ɪz] (nach Zischlaut)	buses	[ˈbʌsɪz]	✓			
Eine Besonderheit zeigt *house*, weil das [-s] des Singulars im Plural zu [-z-] wird.	house houses	[haʊs] [ˈhaʊzɪz]			✓	
Einige Wörter treten nur im Plural auf.	people, police etc.					✓

Nomen: Unregelmäßige Plurale

Viele sehr häufig verwendete Nomen haben einen unregelmäßigen Plural. Diese Pluralformen werden wie Vokabeln gelernt.

			Klasse 3		Klasse 4	
			prod.	rez.	prod.	rez.
Unregelmäßige Plurale	children	[ˈtʃɪldrən]		✓		
	women	[ˈwɪmɪn]		✓		
	men	[men]		✓		

Grammatik

Nomen: Genitiv (2. Fall)

Der Genitiv zeigt den Besitz an und tritt sehr häufig mit Namen auf. Die Aussprache des Genitiv –*s* folgt der Aussprache des Plural –*s*.

			Klasse 3		Klasse 4	
			prod.	rez.	prod.	rez.
1. Genitiv mit stimmhaftem [-z] (nach Vokal oder stimmhaftem Konsonanten)	*Linda's* *Ann's*	['lɪndəz] [ænz]			✓	
2. Genitiv mit stimmlosem [-s] (nach stimmlosem Konsonanten)	*Mike's* *Margaret's*	[maɪks] ['mɑːgrəts]			✓	

2. Verben (Tuwörter)

Vier Verben erfordern wegen der Besonderheit ihrer Formen und Verwendungen besondere Beachtung: BE, HAVE, DO und GET/HAVE GOT.

Verben: BE

Das Verb BE ist das häufigste Verb der englischen Sprache und hat die größte Zahl unterschiedlicher Formen: *be, am, is, are, was* und *were*.

		Klasse 3		Klasse 4	
		prod.	rez.	prod.	rez.
Präsens (Gegenwart) und Futur (Zukunft)	*I am, he/she/it is, you/we/you/they are*	✓			
Infinitiv (Grundform)	*It can be.*	✓			
Präteritum (Vergangenheit)	*I/he/she/it was, you/we/you/they were*				✓

Neben die langen Präsensformen von BE treten die entsprechenden Kurzformen.

		Klasse 3		Klasse 4	
		prod.	rez.	prod.	rez.
'm	*I'm hot.*			✓	
's	*It's good.*			✓	
're	*They're nice.*			✓	

Wie bei englischen Kindern, die ihre Muttersprache lernen, sollten die Langformen vor den Kurzformen eingeführt werden. Zu jedem Zeitpunkt sollte durch Austausch von Langform und Kurzform für die Lernenden deutlich werden, dass es sich bei den Kurzformen nicht um andere Wörter handelt, und dass der Austausch von Langform und Kurzform keine Veränderung der Bedeutung mit sich bringt. Im Verlauf des Unterrichts soll für *am* und *is* der überwiegende Gebrauch der Kurzformen angestrebt werden, weil diese in der gesprochenen Sprache wesentlich häufiger auftreten als die Langformen.

Grammatik

Verben: HAVE

Für das Verb HAVE sind drei Formen zu beachten: *have, has* und *had*.

		Klasse 3		Klasse 4	
		prod.	rez.	prod.	rez.
Präsens (Gegenwart) und Futur (Zukunft)	*I/you/we/you/they* **have**, *he/she/it* **has**	✓			
Infinitiv (Grundform)	*She can* **have** *this.*	✓			
Präteritum (Vergangenheit)	*I/you/he/she/it/we/you/they* **had**				✓

Neben die langen Präsensformen von HAVE treten in der gesprochenen Sprache die entsprechenden Kurzformen. Die Kurzformen treten meist in der Verbindung HAVE GOT auf. Im Schriftlichen sollten die Langformen bis zum Ende der Klasse 4 dominieren.

		Klasse 3		Klasse 4	
		prod.	rez.	prod.	rez.
've	*I've got two pens.*			✓	
's	*He's got a dog.*			✓	

Auch hier sollten die Langformen vor den Kurzformen eingeführt werden. Der häufige Austausch von Langform und Kurzform macht einerseits deutlich, dass es sich bei den Kurzformen nicht um andere Wörter handelt, und dass der Austausch von Langform und Kurzform keine Veränderung der Bedeutung mit sich bringt.

Andererseits erkennen die Lernenden, dass hinter derselben Kurzform *'s* zwei verschiedene Verben mit unterschiedlichen Bedeutungen stehen können.

		Klasse 3		Klasse 4	
		prod.	rez.	prod.	rez.
Das Verb HAVE (dritte Person Singular)	*He's got it.*			✓	
Das Verb BE (dritte Person Singular)	*She's a nice girl.*			✓	

Im Verlauf des Unterrichts soll für *has* der überwiegende Gebrauch der Kurzform *'s* angestrebt werden, weil diese in der gesprochenen Sprache häufiger auftritt als die Langform. Bei *have* ist auch in der gesprochenen Sprache die Langform etwas häufiger als die Kurzform *'ve*.

Verben: DO

Für das Verb DO sind drei Formen zu beachten: *do, does* und *did*.

		Klasse 3		Klasse 4	
		prod.	rez.	prod.	rez.
Infinitiv (Grundform)	*I can **do** it.*	✓			
Präsens (Gegenwart) und Futur (Zukunft)	*I/you/we/you/they **do**, he/she/it **does***			✓	
Präteritum (Vergangenheit)	*I/you/he/she/it/we/you/they **did***				✓

Das Verb DO hat keine Kurzformen.

Verben: GET und HAVE GOT

GET

		Klasse 3		Klasse 4	
		prod.	rez.	prod.	rez.
Tritt das Verb GET allein auf, so unterscheidet es sich grammatisch nicht von anderen Verben.	***Get** another one.*				✓
	*He **gets** out of bed.*				✓
	*She'll **get** cold.*				✓

HAVE GOT

Daneben gibt es die Konstruktion HAVE GOT. Sie hat die Bedeutung ‚haben', ‚besitzen'. In der Sprache englischer Kinder ist die Konstruktion HAVE GOT häufiger als das allein gebrauchte Verb GET.

Für die Konstruktion HAVE GOT sind zwei Formen zu beachten: *have got, has got*. Neben die langen Formen von HAVE treten die entsprechenden Kurzformen: *'ve got, 's got*. Die Kurzformen sind deutlich häufiger als die Langformen. Zusätzlich gibt es - mit gleicher Bedeutung - die sehr umgangssprachliche Form *got* ohne eine vorangehende Form von HAVE (*It's not fair, you **got** two.*).

		Klasse 3		Klasse 4	
		prod.	rez.	prod.	rez.
Langformen	*I **have got** a white cap.*	✓			
	*He **has got** a brother.*				
Kurzformen	*I **'ve got** a cat.*			✓	
	*He **'s got** black trousers.*				

Grammatik

Verben: –s (dritte Person Singular)

Die Aussprache des –s der dritten Person Singular folgt der Aussprache des Plural –s.

			Klasse 3		Klasse 4	
			prod.	rez.	prod.	rez.
1. Formen mit stimmhaftem [-z] (nach Vokal oder stimmhaftem Konsonanten)	*goes, plays* *needs, warns*	[-z] [-z]			✓	
2. Formen mit stimmlosem [-s] (nach stimmlosem Konsonanten)	*looks, wants*	[-s]			✓	

Verben: Imperative (Befehlsformen)

Die Bildung der Imperative bietet keine Schwierigkeiten. Der Imperativ ist identisch mit der Grundform des Verbs (Infinitiv).

		Klasse 3		Klasse 4	
		prod.	rez.	prod.	rez.
Imperative (Befehlsformen)	***Give*** *me the pen.*	✓			
	Speak *up.*				

Verben: Präteritum (Vergangenheit)

Das Präteritum (*past tense*) ist die Verbform, welche die abgeschlossene Vergangenheit ausdrückt. Ohne diese Verbform ist es nicht möglich, über Vergangenes zu sprechen. Keine Erzählung, keine Geschichte ist ohne diese Verbform möglich. Deshalb kann auf das *past tense* im elementaren Englischunterricht nicht verzichtet werden.

Die *past tense* Formen der unregelmäßigen Verben müssen wie Vokabeln gelernt werden. Regelmäßige Verben bilden das *past tense* in der Schrift durch Anhängen von *–ed*. In der Aussprache gibt es drei Gruppen.

			Klasse 3		Klasse 4	
			prod.	rez.	prod.	rez.
1. Formen mit stimmhaftem [-d] (nach Vokal oder stimmhaftem Konsonanten)	*played* *used*	[pleɪd] [juːzd]				✓
2. Formen mit stimmlosem [-t] (nach stimmlosem Konsonanten)	*looked* *asked*	[lʊkt] [ɑːskt]				✓
3. Formen mit [-ɪd] (nach [-t] oder [-d])	*wanted* *added*	[ˈwɒntɪd] [ˈædɪd]				✓

Verben: Modalverben

Modalverben stehen vor einem Hauptverb. Sie fügen dem folgenden Hauptverb eine weitere Bedeutungskomponente hinzu. Zwei Modalverben sind in den Klassenstufen 3 und 4 zu beachten: CAN und WILL.

CAN

Bedeutungen von CAN[2]		Klasse 3		Klasse 4	
		prod.	rez.	prod.	rez.
Möglichkeit oder Wahrscheinlichkeit	*You **can** wait for me.*	✓			
Fähigkeit oder Können	*He **can** hear it.*	✓			
Erlaubnis	*You **can** have it.*	✓			

WILL

Das Modalverb WILL tritt als Langform (*will*) und als Kurzform (*'ll*) auf.

Die Langform sollte vor der Kurzform eingeführt werden (*will* vor *'ll*). Durch den häufigen Austausch von Langform und Kurzform soll für die Lernenden deutlich werden, dass es sich bei der Kurzform nicht um ein anderes Wort handelt und dass zwischen den beiden Formen kein Bedeutungsunterschied besteht. Im Verlauf des Unterrichts soll der überwiegende Gebrauch der Kurzform angestrebt werden, weil diese in der gesprochenen Sprache wesentlich häufiger auftritt als die Langform.

Bedeutungen von WILL[3]		Klasse 3		Klasse 4	
		prod.	rez.	prod.	rez.
Voraussage	*The weather **will** change.*			✓	
	*He**'ll** hear you.*				✓
Absicht, Plan	*I **will** come with you.*			✓	
	*I**'ll** give it to her.*				✓

---

2 Mindt (1995:75).
3 Mindt (1995:59).

3. Verneinungen

Verneinungen können ohne DO oder mit DO gebildet werden. Bei wenigen englischen Verben (BE, HAVE GOT, Modalverben) wird die Verneinung ohne DO gebildet.

Verneinung ohne DO

Die Bildung der Verneinung ohne DO bietet keine Schwierigkeiten. Sie erfolgt durch Hinzufügung von NOT.

Verneinung von BE

		Klasse 3		Klasse 4	
		prod.	rez.	prod.	rez.
Langformen von BE	*I* **am not** *a child.*	✓			
	He **is not** *here.*	✓			
	My friends **are not** *here.*	✓			
Kurzformen von BE	*I'm* **not** *sure.*		✓		
	That's **not** *fair.*		✓		
	We're **not** *very good at it.*		✓		
Langformen von BE Präteritum (Vergangenheit)	*That* **was not** *good.*				✓
	They **were not** *angry.*				✓

NOT kann auch in der Kurzform auftreten.

		Klasse 3		Klasse 4	
		prod.	rez.	prod.	rez.
Kurzform von NOT	*That* **isn't** *easy.*		✓		
	They **aren't** *here.*		✓		

Verneinung von HAVE GOT

		Klasse 3		Klasse 4	
		prod.	rez.	prod.	rez.
Nach der Form von HAVE wird die Kurzform von NOT eingefügt.	*We* **haven't got** *time now.*	✓			
	She **hasn't got** *any cups.*	✓			
Bei HAVE GOT ist die Langform von NOT extrem selten.	*I* **have not got** *enough.*				✓
	He **has not got** *an easy task.*				✓

Verneinung von Modalverben

Es gibt zwei Arten der Verneinung von CAN: *can't* und *cannot*.

		Klasse 3		Klasse 4	
		prod.	rez.	prod.	rez.
Die Form *can't* tritt häufiger auf als die Form *cannot*.	*I **can't** find it.*		✓		
	*You **cannot** do this to me.*				✓

Es gibt zwei Arten der Verneinung von WILL: *won't* und *will not*.

		Klasse 3		Klasse 4	
		prod.	rez.	prod.	rez.
Die Form *won't* tritt wesentlich häufiger auf als die Form *will not*.	*I **won't** run off.*		✓		
	*There **will not** be a fight.*				✓

Verneinung mit DO

Alle Verben außer BE, HAVE GOT und den Modalverben werden mit DO verneint.

Die Verneinung mit DO ist nicht schwierig. Sie entspricht dem Schema der Verneinung von Modalverben. Die Stelle des Modalverbs wird von einer Form von DO eingenommen.[4]

	Modalverb	NOT	**Hauptverb**	
It	*will*	*not*	*be*	*easy.*

	DO	NOT	**Hauptverb**
It	*does*	*not*	*matter.*

Bei der Verneinung mit DO tritt NOT wesentlich häufiger in der Kurzform als in der Langform auf.

		Klasse 3		Klasse 4	
		prod.	rez.	prod.	rez.
Kurzform von NOT	*They **don't** go back.*		✓		
	*He **doesn't** like them.*		✓		
	*She **didn't** say a word.*				✓
Langform von NOT	*They **do not** agree.*		✓		
	*She **does not** know.*		✓		
	*He **did not** go back.*				✓

---

4 Mindt (2000:427).

Grammatik

4. Fragen

Fragen können ohne DO oder mit DO gebildet werden.

Fragen ohne DO

Bei wenigen englischen Verben (BE, HAVE GOT, Modalverben) wird die Frage ohne DO gebildet. Die Bildung der Frage ohne DO bietet keine Schwierigkeiten. Sie erfolgt durch Umstellung von Subjekt und Verb.

Fragen mit BE

	Verb	**Subjekt**	
	Am	*I*	*right?*
Where	*is*	*she*	*?*
	Are	*you*	*my friend?*
Why	*was*	*she*	*there?*
	Were	*they*	*sad or happy?*

		Klasse 3		Klasse 4	
		prod.	rez.	prod.	rez.
Fragen mit BE	*Are you sure?*	✓			
	Where is he?				
Fragen mit BE Präteritum (Vergangenheit)	*Were you good friends?*				✓
	Where was he?				

Fragen mit HAVE GOT

Bei Fragen mit HAVE GOT und Fragen mit Modalverben folgt das Subjekt auf die erste Verbform.

	Erste Verbform	**Subjekt**	**Zweite Verbform**	
What	*have*	*you*	*got*	*for us?*
	Has	*he*	*got*	*long hair?*

		Klasse 3		Klasse 4	
		prod.	rez.	prod.	rez.
Fragen mit HAVE GOT	*Have you got a sister?*	✓			
	What has she got on her head?	✓			

Fragen mit Modalverben

	Erste Verbform	Subjekt	Zweite Verbform	
	Can	*you*	*help*	*me?*
What	***will***	*she*	*say*	*?*

		Klasse 3		Klasse 4	
		prod.	rez.	prod.	rez.
Fragen mit Modalverben	What **can** that be?		✓		
	Will you do it for me?		✓		

Fragen mit DO

Fragen mit allen Verben außer BE, HAVE GOT und Modalverben werden mit DO gebildet.

Die Fragebildung mit DO ist nicht schwierig. Sie entspricht dem Schema der Frage mit Modalverben. Die Stelle des Modalverbs wird hier von einer Form von DO eingenommen.[5]

Modalverb	Subjekt	Hauptverb	
Can	*you*	***find***	*one of these?*

DO	Subjekt	Hauptverb	
Do	*you*	***want***	*an apple?*

		Klasse 3		Klasse 4	
		prod.	rez.	prod.	rez.
do	When **do** you want it?		✓		
does	**Does** she know the answer?		✓		
did	What **did** he do?				✓

---

5   Mindt (2000:415).

Listen der grammatischen Strukturen

Grammatisches Minimum für die Klassenstufe 3: produktiv

1. Nomen (Namenwörter)

Nomen: Regelmäßige Plurale

1. Plurale mit stimmhaftem [-z] (nach Vokal oder stimmhaftem Konsonanten)	*boys* *dogs*	[bɔɪz] [dɒgz]
2. Plurale mit stimmlosem [-s] (nach stimmlosem Konsonanten)	*cats*	[kæts]
3. Plurale mit [-ɪz] (nach Zischlaut)	*buses*	[ˈbʌsɪz]

2. Verben (Tuwörter)

Verben: BE

Präsens (Gegenwart) und Futur (Zukunft)	*I* **am**, *he/she/it* **is**, *you/we/you/they* **are**
Infinitiv (Grundform)	*It can* **be**.

Verben: HAVE

Präsens (Gegenwart) und Futur (Zukunft)	*I/you/we/you/they* **have**, *he/she/it* **has**
Infinitiv (Grundform)	*She can* **have** *this*.

Verben: DO

Infinitiv (Grundform)	*I can* **do** *it*.

Verben: HAVE GOT

Langformen	*I* **have got** *a white cap*.
	He **has got** *a brother*.

Verben: Imperative (Befehlsformen)

Imperative (Befehlsformen)	**Give** *me the pen*.
	Speak *up*.

Verben: Modalverben

CAN: Möglichkeit oder Wahrscheinlichkeit	*You **can** wait for me.*
CAN: Fähigkeit oder Können	*He **can** hear it.*
CAN: Erlaubnis	*You **can** have it.*

3. Verneinungen

Verneinung ohne DO: Verneinung von BE

Langformen von BE	*I **am not** a child.*
	*He **is not** here.*
	*My friends **are not** here.*

4. Fragen

Fragen ohne DO

Fragen mit BE	***Are** you sure?*
	*Where **is** he?*
Fragen mit HAVE GOT	***Have** you **got** a sister?*
	*What **has** she **got** on her head?*

Grammatik

Grammatisches Minimum für die Klassenstufe 3: rezeptiv

1. Nomen (Namenwörter)

Nomen: Regelmäßige Plurale

Eine Besonderheit zeigt *house*, weil das [-s] des Singulars im Plural zu [-z-] wird.	*house* *houses*	[haʊs] [ˈhaʊzɪz]

Nomen: Unregelmäßige Plurale

Unregelmäßige Plurale	*children*	[ˈtʃɪldrən]
	women	[ˈwɪmɪn]
	men	[men]

Nomen: Genitiv (2. Fall)

1. Genitiv mit stimmhaftem [-z] (nach Vokal oder stimmhaftem Konsonanten)	*Linda's* *Ann's*	[ˈlɪndəz] [ænz]
2. Genitiv mit stimmlosem [-s] (nach stimmlosem Konsonanten)	*Mike's* *Margaret's*	[maɪks] [ˈmɑːgrəts]

2. Verben (Tuwörter)

Verben: BE

Kurzform: *'m*	*I'm hot.*
Kurzform: *'s*	*It's good.*
Kurzform: *'re*	*They're nice.*

Verben: HAVE

Kurzform: *'ve*	*I've got two pens.*
Kurzform: *'s*	*He's got a dog.*

Verben: Unterschiedliche Bedeutungen der Kurzform 's

Das Verb HAVE (dritte Person Singular)	*He's got it.*
Das Verb BE (dritte Person Singular)	*She's a nice girl.*

Verben: DO

Präsens (Gegenwart) und Futur (Zukunft)	I/you/we/you/they **do**, he/she/it **does**

Verben: HAVE GOT

Kurzformen	*I've got* a cat.
	He's got black trousers.

Verben: –s (dritte Person Singular)

1. Formen mit stimmhaftem [-z] (nach Vokal oder stimmhaftem Konsonanten)	*goes, plays* [-z] *needs, warns* [-z]
2. Formen mit stimmlosem [-s] (nach stimmlosem Konsonanten)	*looks, wants* [-s]

Verben: Modalverben

WILL: Voraussage	The weather **will** change.
	He**'ll** hear you.
WILL: Absicht, Plan	I **will** come with you.
	I**'ll** give it to her.

3. Verneinungen

Verneinung ohne DO: Verneinung von BE

Kurzformen von BE	I**'m not** sure.
	That**'s not** fair.
	We**'re not** very good at it.
Kurzform von NOT	That **isn't** easy.
	They **aren't** here.

Verneinung ohne DO: Verneinung von HAVE GOT

Nach der Form von HAVE wird die Kurzform von NOT eingefügt.	We **haven't got** time now.
	She **hasn't got** any cups.

Verneinung ohne DO: Verneinung von Modalverben

can't	I **can't** find it.
won't	I **won't** run off.

Grammatik

Verneinung mit DO

Kurzform von NOT	They **don't** go back.
	He **doesn't** like them.
Langform von NOT	They **do not** agree.
	She **does not** know.

4. Fragen

Fragen ohne DO: *Fragen mit Modalverben*

can	What **can** that be?
will	**Will** you do it for me?

Fragen mit DO

do	When **do** you want it?
does	**Does** she know the answer?

Grammatisches Minimum für die Klassenstufe 4: produktiv

1. Nomen (Namenwörter)

Nomen: Regelmäßige Plurale

Eine Besonderheit zeigt *house*, weil das [-s] des Singulars im Plural zu [-z-] wird.	*house*	[haʊs]
	houses	[ˈhaʊzɪz]

Nomen: Unregelmäßige Plurale

Unregelmäßige Plurale	*children*	[ˈtʃɪldrən]
	women	[ˈwɪmɪn]
	men	[men]

Nomen: Genitiv (2. Fall)

1. Genitiv mit stimmhaftem [-z] (nach Vokal oder stimmhaftem Konsonanten)	*Linda's*	[ˈlɪndəz]
	Ann's	[ænz]
2. Genitiv mit stimmlosem [-s] (nach stimmlosem Konsonanten)	*Mike's*	[maɪks]
	Margaret's	[ˈmɑːɡrəts]

2. Verben (Tuwörter)

Verben: BE

Kurzform: *'m*	*I'm hot.*
Kurzform: *'s*	*It's good.*
Kurzform: *'re*	*They're nice.*

Verben: HAVE

Kurzform: *'ve*	*I've got two pens.*
Kurzform: *'s*	*He's got a dog.*

Verben: Unterschiedliche Bedeutungen der Kurzform *'s*

Das Verb HAVE (dritte Person Singular)	*He's got it.*
Das Verb BE (dritte Person Singular)	*She's a nice girl.*

Verben: DO

Präsens (Gegenwart) und Futur (Zukunft)	I/you/we/you/they **do**, he/she/it **does**

Verben: HAVE GOT

Kurzformen	I**'ve got** a cat.
	He**'s got** black trousers.

Verben: –s (dritte Person Singular)

1. Formen mit stimmhaftem [-z] (nach Vokal oder stimmhaftem Konsonanten)	*goes, plays* [-z]
	needs, warns [-z]
2. Formen mit stimmlosem [-s] (nach stimmlosem Konsonanten)	*looks, wants* [-s]

Verben: Modalverben

WILL: Voraussage	The weather **will** change.
	He**'ll** hear you.
WILL: Absicht, Plan	I **will** come with you.
	I**'ll** give it to her.

3. Verneinungen

Verneinung ohne DO: *Verneinung von* BE

Kurzformen von BE	I**'m not** sure.
	That**'s not** fair.
	We**'re not** very good at it.
Kurzform von NOT	That **isn't** easy.
	They **aren't** here.

Verneinung ohne DO: *Verneinung von* HAVE GOT

Nach der Form von HAVE wird die Kurzform von NOT eingefügt.	We **haven't got** time now.
	She **hasn't got** any cups.

Verneinung ohne DO: *Verneinung von Modalverben*

can't	I **can't** find it.
won't	I **won't** run off.

Verneinung mit DO

Kurzform von NOT	They **don't** go back.
	He **doesn't** like them.
Langform von NOT	They **do not** agree.
	She **does not** know.

4. Fragen

Fragen ohne DO: Fragen mit Modalverben

can	What **can** that be?
will	**Will** you do it for me?

Fragen mit DO

do	When **do** you want it?
does	**Does** she know the answer?

Grammatisches Minimum für die Klassenstufe 4: rezeptiv

1. Nomen (Namenwörter)

Nomen: Regelmäßige Plurale

Einige Wörter treten nur im Plural auf.	*people, police* etc.

2. Verben (Tuwörter)

Verben: BE

Präteritum (Vergangenheit)	*I/he/she/it **was**, you/we/you/they **were***

Verben: HAVE

Präteritum (Vergangenheit)	*I/you/he/she/it/we/you/they **had***

Verben: DO

Präteritum (Vergangenheit)	*I/you/he/she/it/we/you/they **did***

Verben: GET

Tritt das Verb GET allein auf, so unterscheidet es sich grammatisch nicht von anderen Verben.	***Get** another one.* *He **gets** out of bed.* *She'll **get** cold.*

Verben: Präteritum (Vergangenheit)

1. Formen mit stimmhaftem [-d] (nach Vokal oder stimmhaftem Konsonanten)	*played* *used*	[pleɪd] [juːzd]
2. Formen mit stimmlosem [-t] (nach stimmlosem Konsonanten)	*looked* *asked*	[lʊkt] [ɑːskt]
3. Formen mit [-ɪd] (nach [-t] oder [-d])	*wanted* *added*	[ˈwɒntɪd] [ˈædɪd]

3. Verneinungen

Verneinung ohne DO: Verneinung von BE

Präteritum (Vergangenheit) / Langformen von BE	That **was not** good.
	They **were not** angry.

Verneinung ohne DO: Verneinung von HAVE GOT

Bei HAVE GOT ist die Langform von NOT extrem selten.	I **have not got** enough.
	He **has not got** an easy task.

Verneinung ohne DO: Verneinung von Modalverben

cannot	You **cannot** do this to me.
will not	There **will not** be a fight.

Verneinung mit DO

Präteritum (Vergangenheit) / Kurzform von NOT	She **didn't** say a word.
Präteritum (Vergangenheit) / Langform von NOT	He **did not** go back.

4. Fragen

Fragen ohne DO: Fragen mit BE

Präteritum (Vergangenheit)	**Were** you good friends?
	Where **was** he?

Fragen mit DO

Präteritum (Vergangenheit)	What **did** he do?

14 Sprachfunktionen

Sprachfunktionen werden zum Ausdruck von Mitteilungsabsichten (z.B. Zustimmung, Ablehnung etc.) verwendet. Jede Sprachfunktion kann durch unterschiedliche Redemittel ausgedrückt werden. So dienen z.B. die Redemittel *Hello* und *Good morning* zum Ausdruck der Sprachfunktion „Sich begrüßen". Die Ermittlung der Redemittel für Sprachfunktionen erfolgte auf der Grundlage empirischer Untersuchungen der englischen Kindersprache sowie unter Berücksichtigung einschlägiger Listen der Fachliteratur.[1]

Sprachfunktionen sind an besondere Kontexte und Situationen gebunden. Das Lernen von Redemitteln für Sprachfunktionen stellt ein Repertoire für die Bewältigung von wiederkehrenden Sprach- und Handlungssituationen zur Verfügung. Die Beherrschung von Redemitteln für Sprachfunktionen sichert die spontane Verständigung an wichtigen Punkten des Kommunikationsablaufs (z.B. Begrüßung, Verabschiedung, Ausdruck einer Bitte etc.).[2]

Arten von Redemitteln für Sprachfunktionen

Die Redemittel für Sprachfunktionen lassen sich in zwei Gruppen einteilen:
- Redemittel, die nur als feste Wendungen auftreten (idiomatische Redemittel)
- Redemittel, die abgewandelt werden können.

Feste Wendungen (idiomatische Redemittel)

Hierzu gehören Redemittel wie *Excuse me* (Höflich um Aufmerksamkeit bitten) oder *You're welcome* (Auf Dank reagieren). Die Bedeutung der Einzelwörter, aus denen diese Redemittel bestehen, weicht von der sonst üblichen Bedeutung ab (das Verb *excuse* und das Adjektiv *welcome* haben normalerweise eine andere Bedeutung). Redemittel, die als feste Wendungen auftreten, sind nur in ganz bestimmten Situationen verwendbar. Für den Ablauf einer flüssigen Kommunikation sind sie

---

1 Für die Sprachkorpora und bibliographische Angaben zur Fachliteratur vgl. Kapitel 10 „Sprachbestände".
2 Vgl. Mindt (2002a) und Mindt (2002b).

jedoch unverzichtbar. Diese Redemittel müssen wie Vokabeln gelernt werden.

Abwandelbare Redemittel
Die abwandelbaren Redemittel lassen sich in zwei Gruppen gliedern:
- Redemittel, die durch den Austausch einzelner Wörter verändert werden können
- Redemittel, die durch die Veränderung ihrer grammatischen Struktur abgewandelt werden können.

Abwandlung von Redemitteln durch den Austausch von Wörtern
Redemittel lassen sich auf einfache Weise durch den Austausch einzelner Wörter verändern. Geht man von dem Redemittel *I'm ...* aus, so kann der Sprecher durch das Hinzufügen des Adjektivs *happy* die Sprachfunktion „Über das Befinden Auskunft geben" ausdrücken: *I'm happy.* Werden anstelle von *happy* die Adjektive *tired* oder *cold* eingesetzt, so können die Lernenden Aussagen über unterschiedliche Befindenszustände machen: *I'm tired. I'm cold.* Der Austausch von Wörtern kann aber auch zu ganz neuen Sprachfunktionen führen. Durch die Verwendung der Adjektive *German* oder *Turkish* wird die Sprachfunktion „Sich und andere vorstellen" ausgedrückt: *I'm German. I'm Turkish.*

Abwandlung von Redemitteln durch Veränderung ihrer grammatischen Struktur
Eine weitere Möglichkeit der Abwandlung ergibt sich durch die Veränderung der grammatischen Struktur der Redemittel. Wird anstelle des Adjektivs *happy* das Nomen *Julia* hinzugefügt, so ergibt sich die Sprachfunktion „Sich und andere vorstellen": *I'm Julia.* Eine weitere grammatische Abwandlung liegt vor, wenn durch das Hinzufügen des Wortes *not* eine negative Aussage gemacht wird: *I'm not happy. I'm not German. I'm not Julia.* Durch den Wechsel des Personalpronomens im Zusammenhang mit der entsprechenden Verbform können so auch leicht die Redemittel zu Aussagen über dritte Personen verwendet werden: *He's happy. She's not German.*

Sprachliche Produktivität durch Abwandelbarkeit
In der Gruppe der abwandelbaren Redemittel weicht die Bedeutung der Einzelwörter nicht von ihrer üblichen Bedeutung ab. Gleichzeitig entspricht der zugrunde liegende Satzrahmen den bekannten Regeln der Grammatik. Die Abwandlung der Redemittel durch neue Wörter oder

durch die Änderung der grammatischen Struktur eröffnet auf der einen Seite vielfältige Ausdrucksmöglichkeiten innerhalb einer Sprachfunktion. Sie kann aber auf der anderen Seite auch zum Ausdruck von neuen Sprachfunktionen führen.

Wortschatz, Grammatik und Sprachfunktionen bedingen und unterstützen sich gegenseitig. Eine Abgrenzung der Sprachfunktionen von Wortschatz und Grammatik würde die der Sprache innewohnende Produktivität unterbinden und die Lernenden in ihrer Kreativität hemmen.

Die Auswahl der Sprachfunktionen

Die im Folgenden genannten Sprachfunktionen und Redemittel ermöglichen es den Lernenden, grundlegende Mitteilungsabsichten auszudrücken. Die Vermittlung kann in der Regel in Verbindung mit mehreren Themenbereichen des Englischunterrichts der Klassenstufen 3 und 4 vorgenommen werden. So kann z.B. die Sprachfunktion „Sich und andere vorstellen" sowohl mit dem Themenbereich *Meet my family and friends* als auch mit dem Themenbereich *At school* verbunden werden.

Eine verpflichtende Reihenfolge der Behandlung der Redemittel für Sprachfunktionen oder eine obligatorische Verbindung einer Sprachfunktion mit einem Themenbereich kann nicht vorgegeben werden.

Die Auswahl der Redemittel wurde so vorgenommen, dass sie in einer Vielzahl von Situationen verwendet werden können. Alle Redemittel werden sowohl von Kindern als auch von Erwachsenen häufig genutzt.[3] Nicht aufgenommen wurden Redemittel, die nur in sehr umgangssprachlichen bzw. in sehr formellen Kontexten Verwendung finden.

Die Verwendung der Redemittel hängt von der Situation, dem Alter und der Beziehung der beteiligten Gesprächspartner ab. So kann z.B. in einem informellen Gespräch unter Freunden eine Zustimmung mit den Redemitteln *OK, Yes* oder *Alright* ausgedrückt werden, während in formelleren Gesprächssituationen die Redemittel *I think you're right, I agree entirely* etc. angemessener sind.

Die aufgeführte Reihenfolge der einzelnen Sprachfunktionen ist nicht im Sinne einer Progression zu verstehen. Die Redemittel der Sprachfunktionen sollen immer dort in den laufenden Unterricht integriert werden, wo sich eine thematische und/oder strukturelle Einbindung anbietet.

---

3   Die Überprüfung der häufigen Verwendung aller aufgeführten Redemittel wurde unter Rückgriff auf das *POW Corpus*, vgl. Fawcett/Perkins (1980) und Souter (1989) sowie das *BNC*, vgl. Burnard (1995) durchgeführt.

Die Unterscheidung zwischen festen Wendungen mit idiomatischem Charakter und abwandelbaren Redemitteln mit regelmäßiger Wortbedeutung und Grammatik ist in der Spalte „Erläuterung" vermerkt. Bei abwandelbaren Redemitteln sind in Klammern Beispiele aufgeführt, die mögliche Fortführungen der angegebenen Grundstruktur verdeutlichen sollen. Alternative Fortführungen werden durch das Zeichen „|" getrennt.

Übersicht über das Minimum an zu vermittelnden Sprachfunktionen und Redemitteln in den Klassenstufen 3 und 4

Sprach-funktion	Redemittel		Erläuterung	Klasse 3		Klasse 4	
				prod.	rez.	prod.	rez.
Jemanden begrüßen	Hello. / Hi.		idiomatisch: Allgemeine Begrüßung	✓			
	Good morning.		idiomatisch: Jemanden (am Morgen) begrüßen	✓			
	Good afternoon.		idiomatisch: Jemanden (am Nachmittag) begrüßen				✓
	Good evening.		idiomatisch: Jemanden (am Abend) begrüßen				✓
Sich / Jemanden verabschieden	Bye. / Bye-bye. / Goodbye.		idiomatisch: Allgemeine Verabschiedung	✓			
	See you (later).		idiomatisch: Bis bald (später).			✓	
Sich und andere vorstellen	I'm ...		abwandelbar: I'm + Nomen	✓			
		Julia | Kevin.	Sich mit Namen vorstellen				
	My/Her/ His name is ...		abwandelbar: Possessivpronomen + name is ...	✓			
		Julia | Kevin.	Den eigenen Namen oder den Namen einer dritten Person nennen				

Sprachfunktionen　　　　　　　　　　　　　　　　　　　　　　101

Sprach-funktion	Redemittel		Erläuterung	Klasse 3 prod.	Klasse 3 rez.	Klasse 4 prod.	Klasse 4 rez.
Sich und andere vorstellen (Fortsetzung)	*This is my/her/his ...*		abwandelbar: *This is* + Possessivpronomen + Nomen.	✓			
		sister. |	Sagen, dass jemand die Schwester von jemandem ist |				
		brother. |	Sagen, dass jemand der Bruder von jemandem ist|				
		friend. |	Sagen, dass jemand der/die Freund/in von jemandem ist |				
		teacher.	Sagen, dass jemand die Lehrerin / der Lehrer von jemandem ist				
	I'm/She is/He is/ They are ...		abwandelbar: Personal-pronomen + BE + ...	✓			
		German/ English. |	Auskunft über die Nationalität geben |				
		from Berlin/ London. |	Sagen, aus welcher Stadt/ welchem Ort jemand kommt |				
		... years old.	Sagen, wie alt jemand ist				
Sich bedanken und darauf reagieren	*Thanks. / Thank you. / Thank you very much.*		idiomatisch: Sich bedan-ken	✓			
	You're welcome.		idiomatisch: Auf Dank reagieren			✓	
Sich (für etwas) entschuldigen	*Sorry. / I'm sorry.*		idiomatisch: Sich ent-schuldigen	✓			
	Sorry, I'm late.		idiomatisch: Sich für seine Verspätung ent-schuldigen			✓	

Sprach-funktion	Redemittel		Erläuterung	Klasse 3		Klasse 4	
				prod.	rez.	prod.	rez.
Nach dem Befinden fragen	*How are you?*		idiomatisch: Wie geht es dir/Ihnen?	✓			
	And how are you?		idiomatisch: Und wie geht es dir/Ihnen?	✓			
	Are you ...		abwandelbar: *Are you* + Adjektiv?			✓	
		alright? |	Fragen, ob es jemandem gut geht |				
		cold? |	Fragen, ob jemandem kalt ist |				
		hungry?	Fragen, ob jemand Hunger hat				
Über das Befinden Auskunft geben	*Fine. / Fine, thank you.*		idiomatisch: Sagen, dass es einem gut geht	✓			
	I'm (not) ...		abwandelbar: *I'm (not)* + Adjektiv.			✓	
		happy. |	Sagen, dass man (nicht) glücklich ist |				
		tired. |	Sagen, dass man (nicht) müde ist |				
		(very) well.	Sagen, dass es einem (nicht) (sehr) gut geht				
Jemanden ansprechen	*Excuse me.*		idiomatisch: Höflich um Aufmerksamkeit bitten		✓		
	Can you help me, please?		idiomatisch: Jemanden um Hilfe bitten		✓		
Jemanden bitten / auffordern, etwas zu tun / etwas vorschlagen	*Give me ...*		abwandelbar: Imperativ + ...	✓			
		a/the ..., please.	Jemanden auffordern, einem etwas zu geben				
	Can you ...		abwandelbar: *Can you* + Verb ...			✓	
		show me ..., please?	Jemanden bitten, einem etwas zu zeigen				
	Let's ...		abwandelbar: *Let's* + Verb.			✓	
		go.	Jemandem vorschlagen zu gehen				

Sprachfunktionen 103

Sprach-funktion	Redemittel		Erläuterung	Klasse 3 prod.	Klasse 3 rez.	Klasse 4 prod.	Klasse 4 rez.
Zustimmung äußern	*Yes. / Okay. / That's right.*		idiomatisch: Zustimmen	✓			
	Good idea. / Sure.		idiomatisch: Bekräftigend zustimmen			✓	
Ablehnung äußern / widersprechen	*No. / No, thanks.*		idiomatisch: (Dankend) ablehnen	✓			
	That's not right.		idiomatisch: Widersprechen			✓	
Gefallen oder Vorlieben ausdrücken	*I like/love ...*		abwandelbar: *I like/love* + ...	✓			
		ice cream. |	Sagen, dass man Eis mag |				
		English. |	Sagen, dass man Englisch mag |				
		you.	Sagen, dass man jemanden mag				
	My/Her/His favourite ...		abwandelbar: Possessivpronomen + *favourite* + Nomen + BE ...			✓	
		pet is ...	Sagen, welches das Lieblingstier von jemandem ist				
Missfallen oder Abneigung bekunden	*I don't like ...*		abwandelbar: *I don't like* + ...	✓			
		coffee. |	Sagen, dass man Kaffee nicht mag |				
		spiders.	Sagen, dass man Spinnen nicht mag				
Wünsche / Glückwünsche äußern	*Happy birthday.*		idiomatisch: Jemandem zum Geburtstag gratulieren	✓			
	Merry Christmas and a Happy New Year.		idiomatisch: Jemandem „Frohe Weihnachten und ein glückliches Neues Jahr" wünschen	✓			
	Good luck.		idiomatisch: Jemandem Glück wünschen			✓	

Häufig gebrauchte Ausdrücke in der gesprochenen englischen Sprache

Die bisher genannten Redemittel lassen sich leicht in ein System von Sprachfunktionen für die Klassenstufen 3 und 4 einordnen. Daneben gibt es eine Reihe von Ausdrücken, die ebenfalls den Charakter von festen Wendungen haben und die von Muttersprachlern sehr häufig in einer Vielzahl von Gesprächssituationen verwendet werden.

Durch die Verwendung dieser Ausdrücke kann in wirksamer Weise eine Annäherung an den authentischen Sprachgebrauch muttersprachlicher Sprecher erreicht werden. Die häufigsten Ausdrücke dieser Art sind in der folgenden Übersicht zusammengestellt. Die genannten Wendungen sind nach ihrer produktiven bzw. rezeptiven Vermittlung geordnet und an geeigneter Stelle in den laufenden Unterricht zu integrieren.

Häufig gebrauchte Ausdrücke	Mitteilungs-absichten	Klasse 3		Klasse 4	
		prod.	rez.	prod.	rez.
I don't know.	Sagen, dass man etwas nicht weiß	✓			
Pardon?	Jemanden bitten, etwas zu wiederholen	✓			
What's that?	Nach etwas Unbekanntem fragen	✓			
Come on.	Jemanden auffordern / ermuntern, etwas zu tun		✓		
Go on.	Jemanden auffordern, mit etwas fortzufahren		✓		
Here you are.	Jemandem etwas überreichen		✓		
I'm sure.	Sagen, dass man sich sicher ist		✓		
I'm not sure.	Sagen, dass man sich unsicher ist		✓		
Of course.	Sagen, dass etwas selbstverständlich ist		✓		
Are you sure?	Fragen, ob jemand etwas wirklich meint				✓
Don't worry.	Sagen, dass kein Grund zur Sorge besteht				✓
Hang on.	Jemanden bitten, einen Moment zu warten				✓
I see.	Sagen, dass man etwas verstanden hat				✓
It doesn't matter.	Sagen, dass etwas nicht wichtig ist oder einem nichts ausmacht				✓
Look at that!	Jemanden auf etwas aufmerksam machen				✓

Sprachfunktionen

Häufig gebrauchte Ausdrücke	Mitteilungs-absichten	Klasse 3		Klasse 4	
		prod.	rez.	prod.	rez.
Oh dear.	Verwunderung / Bedauern ausdrücken				✓
That's all.	Sagen, dass etwas ausreichend ist				✓
Well done.	Jemanden für eine ausgeführte Tätigkeit loben				✓

Listen der Sprachfunktionen und der häufig gebrauchten Ausdrücke

Minimum an Sprachfunktionen und häufig gebrauchten Ausdrücken für die Klassenstufe 3: produktiv

Sprachfunktionen und Redemittel

Sprachfunktion	Redemittel
Jemanden begrüßen	*Hello. / Hi.*
	Good morning.
Sich / Jemanden verabschieden	*Bye. / Bye-bye. / Goodbye.*
Sich und andere vorstellen	*I'm ... (Julia | Kevin).*
	My/Her/His name is ... (Julia | Kevin).
	This is my/her/his ... (sister | brother | friend | teacher).
	I'm/She is/He is/They are ... (German | from Berlin | ... years old).
Sich bedanken	*Thanks. / Thank you. / Thank you very much.*
Sich entschuldigen	*Sorry. / I'm sorry.*
Nach dem Befinden fragen	*How are you?*
	And how are you?
Über das Befinden Auskunft geben	*Fine. / Fine, thank you.*
Jemanden auffordern, einem etwas zu geben	*Give me ... (a/the ...), please.*
Zustimmung äußern	*Yes. / Okay. / That's right.*
Ablehnung äußern	*No. / No, thanks.*
Gefallen oder Vorlieben ausdrücken	*I like/love ... (ice cream | English | you).*
Missfallen oder Abneigung bekunden	*I don't like ... (coffee | spiders).*
Wünsche / Glückwünsche äußern	*Happy birthday.*
	Merry Christmas and a Happy New Year.

Häufig gebrauchte Ausdrücke

Häufig gebrauchte Ausdrücke	Mitteilungsabsichten
I don't know.	Sagen, dass man etwas nicht weiß
Pardon?	Jemanden bitten, etwas zu wiederholen
What's that?	Nach etwas Unbekanntem fragen

Minimum an Sprachfunktionen und häufig gebrauchten Ausdrücken für die Klassenstufe 3: rezeptiv

Sprachfunktionen und Redemittel

Sprachfunktion	Redemittel
Sich / Jemanden verabschieden	*See you (later).*
Auf Dank reagieren	*You're welcome.*
Sich für seine Verspätung entschuldigen	*Sorry, I'm late.*
Nach dem Befinden fragen	*Are you ... (alright | cold | hungry)?*
Über das Befinden Auskunft geben	*I'm (not) ... (happy | tired | (very) well).*
Jemanden ansprechen	*Excuse me.*
	Can you help me, please?
Jemanden bitten, etwas zu tun / etwas vorschlagen	*Can you ... (show me ...), please?*
	Let's ... (go).
Zustimmung äußern	*Good idea. / Sure.*
Widersprechen	*That's not right.*
Gefallen oder Vorlieben ausdrücken	*My/Her/His favourite ... (pet) is ...*
Jemandem Glück wünschen	*Good luck.*

Häufig gebrauchte Ausdrücke

Häufig gebrauchte Ausdrücke	Mitteilungsabsichten
Come on.	Jemanden auffordern / ermuntern, etwas zu tun
Go on.	Jemanden auffordern, mit etwas fortzufahren
Here you are.	Jemandem etwas überreichen
I'm sure.	Sagen, dass man sich sicher ist
I'm not sure.	Sagen, dass man sich unsicher ist
Of course.	Sagen, dass etwas selbstverständlich ist

Minimum an Sprachfunktionen und häufig gebrauchten Ausdrücken für die Klassenstufe 4: produktiv

Sprachfunktionen und Redemittel

Sprachfunktion	Redemittel
Sich / Jemanden verabschieden	*See you* (*later*).
Auf Dank reagieren	*You're welcome.*
Sich für seine Verspätung entschuldigen	*Sorry, I'm late.*
Nach dem Befinden fragen	*Are you ...* (*alright* | *cold* | *hungry*)?
Über das Befinden Auskunft geben	*I'm (not) ...* (*happy* | *tired* | (*very*) *well*).
Jemanden ansprechen	*Excuse me.*
	Can you help me, please?
Jemanden bitten, etwas zu tun / etwas vorschlagen	*Can you ...* (*show me ...*), *please?*
	Let's ... (*go*).
Zustimmung äußern	*Good idea. / Sure.*
Widersprechen	*That's not right.*
Gefallen oder Vorlieben ausdrücken	*My/Her/His favourite ...* (*pet*) *is ...*
Jemandem Glück wünschen	*Good luck.*

Häufig gebrauchte Ausdrücke

Häufig gebrauchte Ausdrücke	Mitteilungsabsichten
Come on.	Jemanden auffordern / ermuntern, etwas zu tun
Go on.	Jemanden auffordern, mit etwas fortzufahren
Here you are.	Jemandem etwas überreichen
I'm sure.	Sagen, dass man sich sicher ist
I'm not sure.	Sagen, dass man sich unsicher ist
Of course.	Sagen, dass etwas selbstverständlich ist

Minimum an Sprachfunktionen und häufig gebrauchten Ausdrücken für die Klassenstufe 4: rezeptiv

Sprachfunktionen und Redemittel

Sprachfunktion		Redemittel
Jemanden begrüßen:	am Nachmittag	*Good afternoon.*
	am Abend	*Good evening.*

Häufig gebrauchte Ausdrücke

Häufig gebrauchte Ausdrücke	Mitteilungsabsichten
Are you sure?	Fragen, ob jemand etwas wirklich meint
Don't worry.	Sagen, dass kein Grund zur Sorge besteht
Hang on.	Jemanden bitten, einen Moment zu warten
I see.	Sagen, dass man etwas verstanden hat
It doesn't matter.	Sagen, dass etwas nicht wichtig ist oder einem nichts ausmacht
Look at that!	Jemanden auf etwas aufmerksam machen
Oh dear.	Verwunderung / Bedauern ausdrücken
That's all.	Sagen, dass etwas ausreichend ist
Well done.	Jemanden für eine ausgeführte Tätigkeit loben

15 Ermittlung und Bewertung des Lernstandes

Die folgenden Ausführungen legen zunächst die Gründe dar, nach denen eine Ermittlung des Lernstandes notwendig ist. Im Anschluss daran werden zwei grundlegende Verfahren beschrieben, die zur Ermittlung des Lernstandes dienen können. Ein neues Verfahren zur Ermittlung und Dokumentation des Lernfortschritts ist das Sprachenportfolio[1], dessen Eigenschaften kurz vorgestellt werden. Abschließend wird auf mögliche Formen der Bewertung des Lernstandes eingegangen.

Gründe für die Ermittlung des Lernstandes

Ein ergebnisorientierter Unterricht zielt auf das Erreichen von Lernzielen. Aus diesem Grunde kann auf die Ermittlung des Lernstandes nicht verzichtet werden, unabhängig davon, ob eine Bewertung vorgesehen ist oder nicht. Die Ermittlung des jeweiligen Lernstandes ist eine wichtige Aufgabe der Lehrkräfte.

Lernstandsermittlungen zeigen an, welche Kinder welche Lernziele in welchem Umfang erreicht haben. Durch die regelmäßige Ermittlung des Lernstandes ergeben sich Informationen über den Erfolg des vorausgegangenen Unterrichts ebenso wie Schlussfolgerungen für den nachfolgenden Unterricht. Lernstandsermittlungen stellen eine unverzichtbare Grundlage für Differenzierungsmaßnahmen durch die Lehrkräfte dar.

Gleichzeitig erhalten die Lernenden Rückmeldungen über ihren Lernfortschritt. Nachgewiesene Erfolge sind eine wirksame Stütze der Motivation. Das Erkennen noch vorhandener Lücken gibt gezielte Hinweise zur individuellen Aufarbeitung und Verbesserung der Fertigkeiten und Kenntnisse.

Ermittlung des Lernstandes durch immanente oder gezielte Verfahren

Die Ermittlung des Lernstandes kann immanent oder gezielt erfolgen. Immanente Verfahren betreffen die Ermittlung des Lernstandes wäh-

---

1 Vgl. Council of Europe (1997).

rend des laufenden Unterrichts. Die immanente Ermittlung des Lernstandes vollzieht sich durch Beobachtungen der Lehrkraft im Unterricht. Die immanente Ermittlung des Lernstandes ist die wichtigste Grundlage der Bewertung von Leistungen der Lernenden in den Klassenstufen 3 und 4.

Daneben treten gezielte Verfahren wie z.B. kurze Lernerfolgskontrollen, die in der Klassenstufe 3 beginnen können. Mündliche Formen können u.a. sein: Antworten auf Fragen, Ergänzen mündlicher Vorgaben, mündliche Vokabelüberprüfungen etc. In der Klassenstufe 4 können erste Lernerfolgskontrollen unter Verwendung des Schriftbildes erfolgen, zunächst mit dem Schriftbild in rezeptiver Form, später in produktiver Form (z.B. Wörter und kurze Sätze nach Ansage bzw. selbstständig schreiben). Von schriftlichen Vokabeltests ist möglichst Abstand zu nehmen.

Die Lernstandsermittlung mit zeitlichem Bezug auf die Fertigkeiten ist in Darstellung 15.1 wiedergegeben.

Darstellung 15.1

	Klassenstufe 3 1. Halbjahr	Klassenstufe 3 2. Halbjahr	Klassenstufe 4 1. Halbjahr	Klassenstufe 4 2. Halbjahr
Hören und Verstehen	✓	✓	✓	✓
Sprechen	✓	✓	✓	✓
Lesen und Verstehen		✓	✓	✓
Schreiben			✓	✓

Überprüfung einzelner Sprachelemente

Lernstandsermittlungen können sich auf Elemente einzelner Sprachebenen beziehen. So kann etwa auf der Ebene der Aussprache die richtige Artikulation des englischen *th* überprüft werden. Auf der Ebene des Wortschatzes kann die Kenntnis der Bedeutung einzelner Wörter überprüft werden. Auf der Ebene der Grammatik kann z.B. festgestellt werden, ob die Lernenden die regelmäßige Pluralbildung mit *–s* beherrschen und auf der Ebene der Sprachfunktionen kann ermittelt werden, welche Redemittel die Schüler für die gegenseitige Begrüßung verwenden können.

Diese Überprüfung von Einzelelementen steht am Anfang der Lernstandsermittlung in den Klassenstufen 3 und 4.

Überprüfung integrierter Fähigkeiten

Im Verlauf des Unterrichts gelangen die Kinder zunehmend über die Beherrschung von Einzelelementen hinaus. Sie fügen z.B. Wörter zu Sätzen zusammen, die eine grammatische Struktur haben und sprechen solche Sätze aus. Oder sie wandeln die Redemittel von Sprachfunktionen für neue Situationen ab. So entstehen zunehmend integrierte Fähigkeiten, bei denen Elemente einzelner Sprachebenen miteinander in unterschiedlichen Verbindungen verknüpft werden.

Die Überprüfung dieser integrierten Fähigkeiten nimmt im Verlauf des Unterrichts allmählich einen größeren Raum ein. Die Verbindung von Fertigkeiten, Sprachelementen und elementaren Überprüfungsmöglichkeiten ist in Darstellung 15.2 wiedergegeben.

Darstellung 15.2

	Klassenstufe 3 **1. Halbjahr**	**Klassenstufe 3** **2. Halbjahr**	**Klassenstufe 4** **1. Halbjahr**	**Klassenstufe 4** **2. Halbjahr**
Hören und Verstehen	Gestik; Handlungen ausführen; Bilder ankreuzen; Bilder zeichnen; *yes/no*-Antworten; *right/wrong*-Antworten	Gehörtes durch Maldiktate als erkannt nachweisen; Ordnen von Bildern, die einem gehörten Handlungsablauf entsprechen	Gehörtes durch Ankreuzen von geschriebenen Wörtern oder kurzen Sätzen als erkannt nachweisen	Gehörtes durch Schreiben von Wörtern oder kurzen Sätzen als erkannt nachweisen
Sprechen	Richtige reproduktive Artikulation von Wörtern	Reproduktives Sprechen von Wörtern, kurzen Sätzen	Produktives Sprechen von Wörtern (Vervollständigung von Sätzen); Sprechen von kurzen Sätzen (z.B. auf Fragen)	Produktives Sprechen von zusammenhängenden Sätzen
Lesen und Verstehen		Wortkarten Bildern zuordnen	Zutreffende Lösung ankreuzen; Lücken sinngemäß ausfüllen	Fragen zu gelesenen Wörtern, Sätzen oder kurzen Texten beantworten
Schreiben			Wörter abschreiben; Sätze und kurze Texte abschreiben; Wörter selbstständig schreiben	Wörter und kurze Sätze nach Ansage schreiben; Wörter und kurze Sätze selbstständig schreiben

Diese elementaren Überprüfungsmöglichkeiten können bei zunehmender Sprachbeherrschung durch komplexere Überprüfungsmöglichkeiten ergänzt werden. Im Folgenden sind einige Möglichkeiten exemplarisch genannt:
- Vortrag von Reimen, Gedichten oder Liedern (reproduktives Sprechen)
- Detailinformationen (z.B. Wer handelt wann, wo und warum?) eines gehörten Textes mündlich wiedergeben (Hörverstehen und Sprechen)
- Kommentare zu Bildern machen oder Auskünfte geben (produktives Sprechen)
- Spiel, Rollenspiel oder Interview (Hörverstehen und produktives Sprechen)
- Notizen zu einem gehörten Text machen (Hörverstehen und Schreiben)
- Stichwörter zu einem gelesenen Text in der richtigen Reihenfolge aufschreiben (Leseverstehen und Schreiben).

Ermittlung und Dokumentation des Lernfortschritts durch ein Sprachenportfolio

Ein weiteres Instrument zur Ermittlung und Dokumentation des Lernstandes ist das vom Europarat entwickelte *European Language Portfolio*.[2] Es bietet dem Sprachlerner die Möglichkeit, seinen Lernstand selbst in einer Form zu ermitteln und dokumentieren, die auch in anderen Ländern verstanden und akzeptiert wird. Das Sprachenportfolio besteht in der vom Europarat entwickelten Form aus drei Teilen: (a) einem Sprachenpass, (b) einer Sprachenbiographie und (c) einem Dossier von angefertigten Arbeiten.

Portfolios, die in den Klassenstufen 3 und 4 zum Einsatz kommen, müssen dem Alter und Lernstand der Kinder angemessen sein.[3] Für den **Sprachenpass** sollen die Kinder anfangs nur angeben, welche Sprachen sie im familiären Kontext verwenden und ob sie bereits andere Länder besucht haben.

In der **Sprachenbiographie** wird zunächst durch Ankreuzen von vorgegebenen Antworten Auskunft über den aktuellen Lernstand gege-

---

2 Council of Europe (1997).
3 In einzelnen Bundesländern sind konkrete Realisierungen für die Erstellung von Portfolios erarbeitet worden. Ein Beispiel für das Land Brandenburg ist Barucki et al. (2002). Hinweise auf andere Portfoliovorschläge s. Barucki et al. (2002:11).

ben. Beispiel: Die Aussage „Ich kann auf Fragen kurz antworten" mit den Antworten: (1) Das kann ich schon gut, (2) Das muss ich noch üben, (3) Das kann ich noch gar nicht. Zu einem späteren Zeitpunkt können diese Angaben von den Lernenden selbst formuliert werden. Hierzu gehören auch Reflektionen über den eigenen Lernprozess.

Das **Dossier** enthält eine Auswahl von selbst erstellten Arbeiten, die charakteristisch für besondere Leistungen der Lernenden sind. Hierbei kann es sich um Bilder handeln, die nach englischsprachigen Vorgaben erstellt wurden. Weiterhin können auf Tonträgern aufgezeichnete mündliche Leistungen oder schriftliche Texte verwendet werden, um die erreichten Stationen des Lernens einer Sprache zu dokumentieren.

Das Sprachenportfolio kann den Verlauf des stattgefundenen Unterrichts nicht abbilden. Es stellt auch keine lückenlose Dokumentation des Lernfortschritts dar. Die Beschäftigung mit dem Sprachenportfolio darf nicht zu Lasten der Vermittlung der Sprache gehen. Wenn ein Sprachenportfolio eingesetzt wird, ist im Unterricht der Klassenstufen 3 und 4 eine Hilfestellung durch die Lehrkraft unabdingbar.

Bewertung des Lernstandes

Die Entscheidung über die Art der Bewertung und die Erteilung von Noten ist Aufgabe der Schulpolitik und liegt in der Verantwortung der Minister oder Senatoren, die für das Schulwesen ihres Bundeslandes verantwortlich sind. Sie müssen Aussagen darüber treffen, welche Lernziele in welchen Zeiträumen mit welchen Verfahren zu überprüfen sind und welche Art der Bewertung vorzunehmen ist. Ferner ist zu bestimmen, ob die ausgesprochenen Bewertungen versetzungsrelevant sind.

Die Bewertung des Lernstandes kann verbal oder durch Noten erfolgen.

Verbale Bewertung

Die verbale Bewertung kann durch eine Beschreibung und Kommentierung der Lernfortschritte erfolgen. Sie bezieht sich auf Elemente der einzelnen Sprachebenen (Aussprache und Intonation, Wortschatz, Grammatik und Sprachfunktionen). Sie macht darüber hinaus Aussagen über den Umfang, in dem die einzelnen Fertigkeiten entwickelt sind (Hörverstehen, Sprechen, Leseverstehen und Schreiben). Sie sollte begleitet werden durch Aussagen, die das Interesse für die Sprache, die Mitarbeit im Sprechen und Handeln und die Produktivität der Sprachimpulse dokumentieren. Ein Rückgriff auf die Kriterien der elementarsten Bewertungsstufe des *Common European Framework of Reference for Languages* (A1 *Breakthrough*)[4] ist dabei möglich.

Die Bewertung ist so zu gestalten, dass sie klare Hinweise zur Verbesserung von Lernergebnissen gibt. Ein wesentliches Ziel besteht darin, die Kinder individuell zu fördern und zu ermutigen.

Bewertung durch Noten

Die Notengebung erfolgt nach der für die Klassenstufen 3 und 4 geltenden Bewertungsskala. Sie stützt sich auf Ermittlungen des Lernstandes innerhalb der einzelnen Sprachebenen (Aussprache und Intonation, Wortschatz, Grammatik und Sprachfunktionen) und der zugehörigen Entwicklung der Fertigkeiten (Hörverstehen, Sprechen, Leseverstehen und Schreiben).

---

4 Vgl. Council of Europe (2001:24).

16 Der Übergang zur Klassenstufe 5

Der Englischunterricht der Klassenstufen 3 und 4 stellt nur dann eine sinnvolle Investition in Zeit und Arbeitskraft aller Beteiligten dar, wenn in der Klassenstufe 5 an die in den ersten beiden Jahren erworbenen Kenntnisse der Lernenden angeknüpft wird.

Beim Übergang zur Klassenstufe 5 sind die folgenden Gesichtspunkte zu beachten:
- Schulorganisation
- Unterschiede zwischen den Klassenstufen 3 und 4 und der Klassenstufe 5
- Sprachliche und inhaltliche Grundlagen der Klassenstufen 3 und 4
- Weiterentwicklung wichtiger Methoden des Englischunterrichts
- Vorbereitung auf Arbeitstechniken der Klassenstufe 5.

Schulorganisation

Die Klassenstufen 3 und 4 bilden in fast allen Bundesländern die abschließenden Klassen der Grundschule (Primarstufe). Nach der Grundschule setzen die Kinder ihre Schullaufbahn in der Sekundarstufe I fort. Die Sekundarstufe I gliedert sich in Schulformen wie Hauptschule, Realschule, Gymnasium, Mittelschule, Regelschule, Sekundarschule oder Gesamtschule, wobei es in einigen Bundesländern für die Klassenstufen 5 und 6 Übergangsformen gibt (z.B. Förderstufe, Orientierungsstufe).

In zwei Bundesländern (Berlin und Brandenburg) gehören die Klassenstufen 5 und 6 zur Grundschule. Aber auch hier gibt es Bemühungen, in den Klassenstufen 5 und 6 Lerngruppen zu bilden, die sich in ihren Interessen und in ihrer Leistungsfähigkeit weniger stark unterscheiden als die Lerngruppen der Klassenstufen 3 und 4.

Während in den Klassenstufen 1 bis 4 Kinder mit den unterschiedlichsten Fähigkeiten gemeinsam unterrichtet werden, erfolgt ab Klassenstufe 5 eine Aufteilung, die den unterschiedlichen Fähigkeiten, Interessen und Leistungsmöglichkeiten der Lernenden besser Rechnung tragen soll.

Zum Abschluss der Klassenstufe 4 stellen sich daher zwei wichtige Aufgaben:
- Auf der Grundlage des Lernstandes müssen Empfehlungen darüber gemacht werden, in welcher Schulform oder Lerngruppe das Kind den Unterricht in der Klassenstufe 5 fortsetzt.
- Der Englischunterricht der ausgehenden Klassenstufe 4 muss methodisch und inhaltlich so gestaltet werden, dass ein reibungsloser Übergang in die Klassenstufe 5 gewährleistet ist.

Zur Bewältigung der ersten Aufgabe dienen Verfahren der Leistungsfeststellung, die in Kapitel 15 „Ermittlung und Bewertung des Lernstandes" dargestellt sind. Die Maßnahmen zur Vorbereitung auf die Inhalte und Methoden der Klassenstufe 5 werden im Folgenden genannt.

Unterschiede zwischen den Klassenstufen 3 und 4 und der Klassenstufe 5

Eine Gegenüberstellung wichtiger Unterschiede zwischen dem Unterricht in der Primarstufe und der Sekundarstufe I ist in Darstellung 16.1 gegeben.

Um einen Bruch zwischen den beiden Schulstufen zu vermeiden, muss auf den sprachlichen und inhaltlichen Grundlagen der Klassenstufen 3 und 4 aufgebaut werden. Die Methoden der Primarstufe dienen als Ausgangspunkt und müssen in der Sekundarstufe I altersgemäß weiterentwickelt werden.

Zusätzlich muss eine Vorbereitung auf die Methoden der Sekundarstufe I in der zweiten Hälfte der Klassenstufe 4 erfolgen. Lehrkräfte der Primarstufe müssen sich deshalb auch mit wichtigen Methoden der Klassenstufe 5 auseinandersetzen, um ihre Schüler so gut wie möglich auf die neuen Anforderungen vorzubereiten.[1]

Sprachliche und inhaltliche Grundlagen der Klassenstufen 3 und 4

Die sprachlichen Grundlagen der Klassenstufen 3 und 4 sind definiert durch das in den Kapiteln 11 „Aussprache und Intonation", 12 „Wortschatz", 13 „Grammatik" und 14 „Sprachfunktionen" beschriebene Minimum im rezeptiven und produktiven Bereich. Diese Sprachmittel sind die Grundlage für die Weiterführung des Englischunterrichts in der Klassenstufe 5.

---

1 Vgl. Legutke (2002:102 f.).

Darstellung 16.1

Klassenstufen 3 und 4 (Primarstufe)	Klassenstufe 5 (Sekundarstufe I)
Lerngruppen mit Kindern sehr unterschiedlicher Lernvoraussetzung und Leistungsfähigkeit mit unterschiedlichen Interessen und Wissensständen	Lerngruppen, deren Mitglieder sich weniger stark durch Begabung, Leistungsfähigkeit sowie durch ihre Interessen und Wissensstände unterscheiden
Binnendifferenzierung innerhalb der einzelnen Lerngruppe	Äußere Differenzierung durch die Schulform oder durch Bildung homogener Gruppen
Gleiche sprachliche Inhalte und Themen des Unterrichts für alle Kinder	Nach Schulform oder Lerngruppe differenzierte sprachliche Inhalte und Themen des Unterrichts
Priorität der gesprochenen Sprache	Zunehmende Rolle des Schriftbildes
Unmittelbare Anschaulichkeit	Zunehmende verbale Orientierung
Lernen durch Handeln, Spielen, Singen, Rollenspiele etc.	Stärkere Orientierung an sprachlichen Strukturen und Texten
Spracherwerb überwiegend intuitiv und imitativ	Abstrakterer Umgang mit der Sprache unter stärkerem Einbezug der Sprachbetrachtung
Lehrkraft und Unterrichtsmaterialien üben starke Steuerung aus	Vorbereitung des selbstorganisierten Lernens durch Arbeitstechniken, die zu stärkerer Selbstständigkeit der Lernenden führen
Keine Hausaufgaben am Beginn	Regelmäßige Hausaufgaben
Bewertungen anfangs oft verbal, vielfach erst gegen Ende durch Notengebung	Leistungsbewertung durch Notengebung von Beginn an

Die inhaltlichen Grundlagen der Klassenstufen 3 und 4 sind in Kapitel 8 „Inhalte und Themen" beschrieben. Die dort genannten Themen und Inhaltsbereiche können am Beginn der Klassenstufe 5 als bekannt vorausgesetzt werden. Die Kinder sind in der Lage, Aussagen über diese Bereiche zu verstehen und in elementarer Form sprachlich auszudrücken.

Der Englischunterricht der Klassenstufe 5 kann daher nicht in traditioneller Weise mit einem Lehrwerk fortgeführt werden, das von einem Neubeginn in der Klassenstufe 5 ausgeht und weder sprachliche noch inhaltliche Vorkenntnisse voraussetzt. Eine sinnvolle Anknüpfung an den in zwei Jahren Englischunterricht erreichten Lernstand und ein zielorientierter Ausbau der vorhandenen Fertigkeiten und Kenntnisse ist nur mit einem Lehrwerk möglich, das an den Lernstand der ersten zwei Jahre nahtlos anknüpft.

Weiterentwicklung wichtiger Methoden des Englischunterrichts

Was für die sprachlichen und inhaltlichen Grundlagen gilt, hat ebenso Geltung für die Methoden des Englischunterrichts der Klassenstufen 3 und 4. Auch hier muss ein weitgehend kontinuierlicher Übergang angestrebt werden, indem in der zweiten Hälfte der Klassenstufe 4 auf die Methoden der Sekundarstufe I hingearbeitet wird.

Die im Kapitel 6 „Methoden" genannten Verfahren sind in altersgerechter Form weiterzuentwickeln. Dies bedeutet im Einzelnen:
- Die Einsprachigkeit wird fortgeführt. Die Rolle der Muttersprache kann dabei zunehmend zurücktreten.
- Die methodische Vielfalt der Klassenstufen 3 und 4 soll so weit wie möglich beibehalten werden.
- Der Unterricht kann gemäß der wachsenden Leistungsfähigkeit der Lernenden zunehmend weniger kleinschrittig gestaltet werden.
- Die Arbeits- und Sozialformen müssen wegen der größeren Aufmerksamkeitsspanne nicht mehr so häufig gewechselt werden.
- Spielsachen und Handpuppen werden zunehmend durch Medien mit abstrakterem Charakter abgelöst (z.B. Schaubilder, Diagramme).
- Erzählende und darstellende Texte treten neben die bekannten Reime, Lieder und *Chants*.
- Die auditive Darbietung von Sprache wird komplexer. Es treten in sorgsamer Stufung Sprecher mit regionaler Sprachfärbung (z.B. neben britischem Englisch auch amerikanisches Englisch, australisches Englisch etc.) hinzu.
- Videos können längere und komplexere Sprachsequenzen enthalten.
- Der Umfang des Frontalunterrichts tritt zurück gegenüber Partner-, Gruppen- und Einzelarbeit.
- Der Einsatz von Computern und Lernsoftware kann intensiviert werden.
- Die Reihenfolge der Fertigkeiten (Hörverstehen, Sprechen, Leseverstehen, Schreiben) kann stärker variiert werden.
- Das Schreiben erhält größere Bedeutung, ohne dass die Priorität des Mündlichen verloren geht.

Vorbereitung auf Arbeitstechniken der Klassenstufe 5

Zur Vorbereitung auf die Methodik der Klassenstufe 5 können in der zweiten Hälfte der 4. Klassenstufe Techniken angebahnt werden, die später ein größeres Gewicht einnehmen:
- Zunehmende Berücksichtigung des Schriftbildes in der zweiten Hälfte der Klassenstufe 4. Dabei bleibt in jedem Fall die Priorität des Mündlichen erhalten.
- Verstärkte Förderung von Erschließungsstrategien zum Verständnis von neuen Elementen aus dem sprachlichen oder situativen Kontext[2]
- Abstrakterer Umgang mit der Sprache unter stärkerem Einbezug der Sprachbetrachtung.
- Zunehmender Einsatz bewusstmachender Hilfen (z.B. Hervorhebungen durch Unterstreichungen, Signalwörter, Wenn-Dann-Beziehungen). Die so erworbene *language awareness* kann in der Klasse 5 gezielt weiterentfaltet werden.
- Vorbereitung des selbstorganisierten Lernens durch Arbeitstechniken, die zu stärkerer Selbstständigkeit der Lernenden führen (Fragen nach unbekannten Wörtern, Zuordnung von Aussprachen zu Schriftbildern, Heranführung an den Umgang mit Wörterbüchern, *note taking* etc.).

---

[2] Vgl. Wunsch (2002:127), wo auch Hinweise für die Lehrkräfte der Klassenstufe 5 gegeben werden.

17 Literaturverzeichnis

Arnold, Roland und Klaus Hansen (1992) *Englische Phonetik.* 8. Aufl. Leipzig: Langenscheidt.

Bartnitzky, Horst (2000) *Sprachunterricht heute: Sprachdidaktik – Unterrichtsbeispiele – Planungsmodelle.* Berlin: Cornelsen Scriptor.

Barucki, Heidi, Rosemarie Beck, Monika Bleck, Renate Götze, Bettina Gulbin, Petra Jobs, Heike Rieckhoff und Ute Wilschke (2002) *Meine Sprachenmappe: Ein Sprachenportfolio für jede Altersgruppe. Materialien für den Einsatz in der Grundschule.* Berlin: Wissenschaft und Technik.

Bender, Jutta (1979) *Zum gegenwärtigen Stand der Diskussion um Sprachwissenschaft und Sprachunterricht.* Frankfurt am Main: Diesterweg.

Brown, Roger (1973) *A first language: The early stages.* Cambridge, Mass.: Harvard University Press.

Burnard, Lou (1995) *Users reference guide for the British National Corpus.* Oxford: Oxford University Computing Services.

Council of Europe (1997) *European language portfolio: Proposals for Development.* Strasbourg: Council of Europe.

Council of Europe (2001) *Common European Framework of Reference for Languages.* Cambridge: Cambridge University Press.

Cruttenden, Alan (1979) *Language in infancy and childhood: A linguistic introduction to language acquisition.* Manchester: Manchester University Press.

Doyé, Peter (1991) „Systematischer Fremdsprachenunterricht vs. Begegnung mit Fremdsprachen." *Neusprachliche Mitteilungen* 45/3, 145-146.

Fawcett, Robin P. and Michael R. Perkins (1980) *Child Language Transcripts 6-12*. 4 Bände. Pontypridd, Mid Glamorgan: Department of Behavioural and Communication Studies, Polytechnic of Wales. In maschinenlesbarer Form: *Polytechnic of Wales Corpus (POW)*, vgl. Souter (1989).

Felix, Sascha W. (1982) *Psycholinguistische Aspekte des Zweitsprachenerwerbs*. Tübingen: Narr.

Francis, W. Nelson and Henry Kučera (1964) *Manual of Information to accompany A Standard Corpus of Present-Day Edited American English, for use with Digital Computers*. Providence, Rhode Island: Department of Linguistics, Brown University. Revised 1971. Revised and Amplified 1979.

Grabowski, Eva (1998) *Ein Mindestwortschatz für den Englischunterricht*. Aachen: Shaker.

Hakkarainen, Heikki J. (1995) *Phonetik des Deutschen*. München: Wilhelm Fink.

Hawkins, Eric (1994) *Awareness of language: An introduction*. Cambridge: Cambridge University Press.

Hüllen, Werner (1979) „Sprachfunktionen in einer didaktischen Grammatik." In: Bausch, Karl-Richard (Hrsg.) *Beiträge zur didaktischen Grammatik: Probleme, Konzepte, Beispiele*. Kronberg: Scriptor, 117-137.

Jakobson, Roman (1941) *Kindersprache, Aphasie und allgemeine Lautgesetze*. Uppsala: Lundequist. Nachdruck (1962) The Hague: Mouton und (1969) Frankfurt am Main: Suhrkamp.

Johansson, Stig, Geoffrey Leech and Helen Goodluck (1978) *The Lancaster-Oslo/Bergen Corpus of British English for use with digital computers*. Oslo: Department of English, University of Oslo.

Kahl, Peter W. und Ulrike Knebler (1996) *Englisch in der Grundschule – und dann? Evaluation des Hamburger Schulversuchs Englisch ab Klasse 3*. Berlin: Cornelsen.

Kettemann, Bernhard und Markus Kerschbaumer (2000) *Sprachenlernen in der Grundschule: Erfahrungsbericht, Forschungsergebnisse und didaktische Modelle: Kommentierte Bibliographie*. Graz: Bundesministerium für Unterricht und kulturelle Angelegenheiten, Wien.

Klann-Delius, Gisela (1999) *Spracherwerb*. Stuttgart und Weimar: Metzler.

Leech, Geoffrey (1983) *Principles of Pragmatics*. London & New York: Longman.

Leech, Geoffrey, Paul Rayson and Andrew Wilson (2001) *Word frequencies in written and spoken English*. Harlow: Pearson Education.

Legutke, Michael K. (2002) „Stufenprofile und Lernstände am Ende der Klasse 4: Was haben die Kinder im Englischunterricht gelernt?" In: Legutke/Lortz (2002), 92-106.

Legutke, Michael K. und Wiltrud Lortz (Hrsg.) (2002) *Englisch ab Klasse 1: Das hessische* Merry-Go-Round-*Projekt. Analysen und Berichte*. Berlin: Cornelsen.

Mertens, Jürgen (2002) „Schrift im Französischunterricht in der Grundschule: Lernhemmnis oder Lernhilfe?" *Neusprachliche Mitteilungen* 55/3, 141-149.

Mielke, Rosemarie (2001) *Psychologie des Lernens: Eine Einführung*. Stuttgart: Kohlhammer.

Mindt, Dieter (1995) *An Empirical Grammar of the English Verb: Modal Verbs*. Berlin: Cornelsen.

Mindt, Dieter (2000) *An Empirical Grammar of the English Verb System*. Berlin: Cornelsen.

Mindt, Dieter (2002a) „Die ‚kommunikative Progression' und der Frühbeginn, 1. Teil." *Fremdsprachen Frühbeginn* 5, 5-8.

Mindt, Dieter (2002b) „Die ‚kommunikative Progression' und der Frühbeginn, 2. Teil." *Fremdsprachen Frühbeginn* 6, 5-7.

Obler, Loraine K. (1985) "Language Through the Life-Span." In: Berko Gleason, Jean (Hrsg.) *The Development of Language*. Columbus, Toronto etc.: Charles E. Merrill, 277-305.

Pauels, Wolfgang (1983) *Kommunikative Fremdsprachendidaktik: Kritik und Perspektiven*. Frankfurt am Main: Diesterweg.

Pelz, Manfred (1991) „Thesen zu einer Begegnungssprache in der Grundschule." *Neusprachliche Mitteilungen* 44/2, 88-89.

Quirk, Randolph, Sidney Greenbaum, Geoffrey Leech and Jan Svartvik (1985) *A Comprehensive Grammar of the English Language*. London: Longman.

Roach, Peter (1993) *English Phonetics and Phonology: A Practical Course*. 2nd ed. Cambridge: Cambridge University Press.

Rossmann, Peter (1996) *Einführung in die Entwicklungspsychologie des Kindes- und Jugendalters*. Bern: Verlag Hans Huber.

Rück, Heribert (1995) „Grundlagen und Formen des Spracherwerbs im Modellversuch." In: *Integrierte Fremdsprachenarbeit in der Grundschule: ein Modellversuch des Bundes und des Landes Rheinland-Pfalz*. Speyer: SIL, 22-55.

Sarter, Heidemarie (1997) *Fremdsprachenarbeit in der Grundschule: Neue Wege, neue Ziele*. Darmstadt: Wissenschaftliche Buchgesellschaft.

Sauer, Helmut (2000) *Fremdsprachenlernen in Grundschulen: Der Weg ins 21. Jahrhundert. Eine annotierte Bibliographie und das Beispiel Nordrhein-Westfalen*. Leipzig, Stuttgart, Düsseldorf: Ernst Klett Grundschulverlag.

Selinker, Larry (1972) "Interlanguage." *International Review of Applied Linguistics* 10, 209-231.

Siebold, Jörg (1989) *Do you see what I mean? Language functions in spoken English*. Berlin: Volk und Wissen.

Singleton, David (1989) *Language Acquisition: The age factor*. Clevedon and Philadelphia: Multilingual Matters.

Souter, Clive (1989) *A Short Handbook of the Polytechnic of Wales Corpus*. Leeds: Centre for Computer Analysis of Language and Speech.

Szagun, Gisela (2000) *Sprachentwicklung beim Kind*. 6. Aufl. 1996. Weinheim und Basel: Beltz.

Tyson, Phyllis und Robert L. Tyson (1997) *Lehrbuch der psychoanalytischen Entwicklungspsychologie*. Stuttgart: Kohlhammer.

Van Ek, Jan and J.L.M. Trim (1991a) *Threshold Level 1990*. Strasbourg: Council of Europe Press.

Van Ek, Jan and J.L.M. Trim (1991b) *Waystage 1990*. Strasbourg: Council of Europe Press.

Wells, John C. (2000) *Longman Pronunciation Dictionary*. Harlow: Longman.

Wode, Henning (1981) *Learning a second language: I. An integrated view of language acquisition*. Tübingen: Narr.

Wode, Hennig (1988) *Einführung in die Psycholinguistik: Theorien, Methoden, Ergebnisse*. Ismaning: Hueber.

Wunsch, Christian (2002) „Plädoyer für eine Übergangsdidaktik zwischen Grundschule und Sekundarstufe I – oder: Aus der Oase in die Wüste?" *Englisch* 37/4, 121-131.